JN133864

完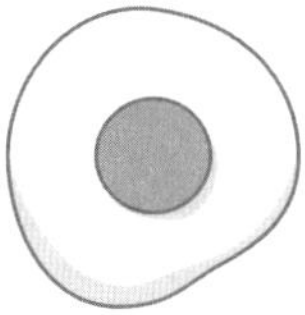璧を求める心理

自分や相手がラクになる対処法

櫻井茂男 著

金子書房

まえがき

「パーフェクト！（perfect）」という称賛のことばを、私はアメリカ留学中にとてもよく耳にしました。もう四十年近く前のことですが……。

一九七九年八月から一年間、私はアメリカのカンザス大学（University of Kansas）に留学しました。たいした英語力もなかったのですが、受け入れ大学の許可が早々と得られたせいか、国の留学制度にパスし晴れがましく（？）留学することができました。ローレンス（Lawrenceカンザス大学がある田舎町）では、多くの友だち（とくに、素敵な女性たち）に助けられて、無事留学を終えることができましたが、その留学中によく耳にしたことばが「パーフェクト！」です。

英語力が十分でない私は、当初、大学に併設されている英語学校で〝英語〟を勉強することを条件に、専門である心理学の授業も取ることができました。心理学のクラスでほめられることは（出来が悪かったため）少なかったのですが、英語のクラスではうまく課題をこなすと、担当の若い先生から「すごくよくできているね！」「シゲオはやればできるんだ！」、そして一〇問中一〇問正解すると「パーフェクト！」というような称賛のことばを、頻繁にかけていただきました。英語が苦手な私でも、称賛のことばをたくさんかけられると（とくに「パーフェクト」などといわれると）、〝ぼくもできるんだよな！　すごいんだ！〟というような思いこみが生まれ、何とかがんばることができました。おかげさまで、心理学の成績もそれに連動してよくなり、帰国する際にはGPA（大学での成績の平均）が四・五（五・〇が最高）程度まで上がったように記憶しています。

このような称賛のことばがなかったら、私はどうなっていたでしょうか。こうした経緯から私は「パーフェクト」ということばが忘れられなくなりました。ただ冷静に考えてみると、半分くらいはお世辞として、あるいはやや誇張した表現として、相手の気持ちを盛りあげるために使ってくれたのだと思います。ありがとうございます。

留学から帰国して十年後、私は大学院を修了し奈良教育大学に勤めていましたが、奇しくも再び「パーフェクト」に出会いました。Perfectionism（パーフェクショニズム）に関するユニークな研究論文に出会い、これはおもしろいと思い、それ以来この研究をつづけています。Perfectionism は、心理学の世界では「完全主義」か「完璧主義」と訳されることが多いのですが、本書では一般によく用いられる「完璧主義」を使うことにします。そして完璧主義とは定義的には〝すべてのことに過度に完璧を求めること〟です。詳しい内容については本書前半の「理論編」で説明しますが、新たに適応的な概念として「完璧志向」を提案します。

ところで、完璧主義者あるいは完璧主義傾向が強い人（完璧志向）は、読者のみなさんの周囲にも結構みられるのではないでしょうか。古今東西、偉大な芸術家、学者、スポーツ選手などにも完璧主義傾向の強い人が多いように思われます。私の好みにまかせて挙げれば、芸術家ではミケランジェロ（彼の作品では「サン・ピエトロのピエタ」が最高です）やレオナルド・ダ・ヴィンチ（名画「モナリザ」の作者）、それにわが国の板谷波山（素晴らしい壺を生み出す天才陶芸家）、学者ではグリゴリー・ペレルマン（ロシアの数学者で「ポアンカレ予想」を証明した天才）、そしてスポーツ選手ではもちろんイチロー（プロ野球と大リーグの名選手でした）が挙げられます。おそらく私も完璧主義傾向が強い人間のひとりだと思います。私の場合はそれゆえに、〝完璧主義の研究〟に興味・関心がもてたものと考えています。

ただ、心理学の研究では一般に、完璧主義者は不適応におちいりやすいと指摘されています。より詳しく研究成果を紐解いてみると、完璧主義は確かに不適応（抑うつ、強迫性障害、摂食障害など）を導きやすいようですが、現実に即した対応ができれば（すなわち、先に挙げた「完璧志向」であると）、おおかたは適応的であることもわかりました。適応的な完璧志向であれば、高いパフォーマンスもあげることができます。その証拠に、さきほど挙げた著名な芸術家、学者、スポーツ選手らは、とても素晴らしい成果をあげているではありませんか。

本書は二部構成になっています。前半はすでに紹介した通り完璧主義に関する「理論編」（第1～3章）で、完璧主義や完璧志向についてのとらえ方や特徴を説明します。後半は「実践編」

（第4～6章）で、ご自身を完璧主義傾向が強すぎて何らかの問題（不適応）が生じていると認識している人や、完璧主義傾向の強すぎる人が「友だち、お子さん、教師」などとしてそばにいる人を対象に、そうした自分あるいは他者とうまくつきあう方法、すなわち自分も他者も適応的に生活でき、勉強や仕事で高いパフォーマンスをあげられる対処法について提案したいと思います。具体的な例を挙げて説明しますので、十分参考になるはずです。

完璧主義に関する学術研究をベースにした堅実な読み物は少ないです。本書ももちろん完璧主義に関した〝完璧〟な本ではありませんが、読者のみなさまの生活向上におおいに役立つことを切に願っております。また、読者のみなさまからいただけるご意見やご感想に基づき、より〝完璧〟な読み物にバージョンアップしていくことが、筆者のつぎなる願いです。

著　者

目次○完璧を求める心理——自分や相手がラクになる対処法

装幀　高石瑞希

第Ⅰ部　理論編

第1章 完璧主義とは何か

ミケランジェロは完璧主義者か

私は、美術とくに洋画や日本画それに彫刻が大好きで、国内で開催される展覧会にはよく妻と一緒に出かけます。また、海外旅行も好きなので、そのたびに海外の美術館にもよく二人で訪れます。私が海外の国際学会で講演や研究発表をするときも、休日がとれ時間が許すような場合には美術館を訪れるようにしてきました。

こうして、これまでにいろいろな芸術作品を見てきましたが、私が愛してやまない作品はミケランジェロの「サン・ピエトロのピエタ」です。これは、ローマのサン・ピエトロ大聖堂にある大理石の彫刻で、ミケランジェロが二十三～二十五歳のときに制作した作品といわれます。

「ピエタ」というのは、聖母子像の一種で、磔刑に処せられたのち十字架から降ろされたイエス・キリストと、その亡骸を抱くマリアをモチーフにした宗教彫刻あるいは絵画のことをいいます。ミケランジェロの「サン・ピエトロのピエタ」はもちろん彫刻作品です。このピエタは若いマリアが特徴的で（本来、マリアはイエス・キリストより老いていなければならないのですが）、うっとりするような美しさに魅了されます。マリアのお顔には、イエス・キリストに対する深い慈愛も見事に表現されています。とてもリアルな彫刻で、二十歳代のミケランジェロの傑作のひとつとされます。私はこの作品を見た瞬間、時間を忘れて見入ってしまいました。

サン・ピエトロのピエタ
(iStock.com/lexan)

　彼の二十歳代のもうひとつの傑作とされる作品は、ご存じでしょうか。フィレンツェのアカデミア美術館に収蔵されている「ダビデ」です。こちらも素敵な作品のようですが、私はレプリカ（フィレンツェ市庁舎前にあるもの）しか見たことがありません。

　さて、ミケランジェロに関する資料のなかに、以下のようなエピソードがみつかりました。彼がシスティーナ礼拝堂の壮大な天井画の制作を依頼されたとき、最初は弟子やほかの人たちにも一緒に描かせるつもりだったようですが、最終的にはほぼ一人でその偉業を成し遂げた、というのです。この天井は三百坪ほどあり、絵のなかには三百名近い人物がていねいに描かれています。天井を見上げて行う長期間の制作は、それはたいへんなものであったと想像されます。弟子たちに手伝ってもらうよりも自分一人で描いたほうが〝完璧〟な絵に仕上げられる、と判断したのでしょうか。こうしたエピソードからも、ミケランジェロは「完璧主義者」であったものと考えられます。

ただし、のちに詳しく説明しますが、彼は不適応におちいるような「過度な」完璧主義者ではなく、適応的な生活が送れるような「適度な」完璧主義者、あるいは私がのちほど提案する「完璧志向」の人であったように思います。もちろん、幼少期から優れた才能は広く認められており（長じては「神から愛された男」と呼ばれていたそうです）、彫刻に対する完璧を求める気持ちが、おそらくその才能を開花させ、私もこよなく愛する〝完璧〟なピエタが生まれたものと想像されます。

なお、彼は他者から好かれるタイプの人ではなく、孤高の人であったようです。来る日も来る日も制作に打ち込んでいるミケランジェロの姿が浮かびます。天才は、多少の逸脱は許されますし、むしろ多少の逸脱があるほうが天才らしい、ともいえます。また一般に、天才になる可能性が高い優秀児（gifted child）は社会性が低いといわれてきましたが、実際にはそうでもないようです。ミケランジェロも生活に不自由をしない程度には社会性があったように思われます。

私は〝二度目のローマ〟に行く機会はまだありません。でも死ぬまでにはもう一度、あの「サン・ピエトロのピエタ」に会いたいと思っています。

完璧主義の定義とは

それでは、完璧主義とは何でしょうか。心理学の世界では一九八〇年ころから、完璧主義の研究が本格化しました。私も一九九〇年ころから完璧主義について研究をはじめ、今日までつづけています。これまでの多くの知見を参考に、完璧主義とは何かについてまとめましょう。

完璧主義は「まえがき」でも紹介した通り、英語ではperfectionism（パーフェクショニズム）といいます。心理学や医学の世界では「完全主義」あるいは「完璧主義」と訳されますが、本書では日常的にもよく使われる「完璧主義」を使います（こちらのほうがなじみやすいと思いますので）。

さて完璧主義とは、その本来の意味からすれば「すべてのことに過度に完璧を求めること」と定義できます。ただし、つぎの二点については考慮する必要があるでしょう。

第一点は「すべてのこと」という部分です。たしかに本来の意味に従えば「すべてのこと」となるのですが、これまでの心理学の研究を精査してみると、必ずしもすべてのことに対してではありません。「ある限定されたこと」に対する完璧主義も想定されています。たとえば、「自分にとって興味・関心があること」や「親や教師、会社の上司などから（完璧を）求められたこと」がその例です。実際にはこちらのタイプの完璧主義者のほうが多いように感じます。

第二の点は「完璧を求めること」という部分です。〝こと〟という表現は定義としては曖昧です。心理学では完璧主義を、パーソナリティ（におけるひとつの特性）ととらえたり、認知（あるいは少し安定した「認知傾向」）や信念ととらえたりします。パーソナリティととらえるのが一般的ですが、パーソナリティととらえるとかなり安定したもの（変容しにくいもの）になります。一方、認知（あるいは認知傾向）や信念ととらえると比較的変容しやすいもの、ということになります。私としては、あまり安定したものではなく、ある程度変容可能なものととらえています。

そこで、こうした事情に配慮しやや折衷的ではありますが、完璧主義を「過度に完璧を求めるパーソナリティあるいは認知傾向」と定義します。

完璧主義は三種類ある

ヒューイットとフレット（Hewitt & Flett, 1990, 1991）は、完璧主義を三つに分類し測定しました。図1‐1をご参照ください。

ひとつは自分に完璧を求める「自己志向的完璧主義」、そして二つめ以降が興味深いのですが、二つめは自分から他者に完璧を求める「他者志向的完璧主義」、そして三つめが、自分が他者から完璧を求められていると認知する「社会規定的完璧主義」です。この分類はとてもユニークで画期的だと思いませんか。私はすぐさま彼らに手紙を送り、こうした完璧主義を測定する質問紙を送ってもらい、日本語版を作成し研究をはじめました。当時はｅメールなどありませんから、質問紙の取り寄せにもかなりの時間がかかりました。また、もちろん若輩者の私は日本語版の作成にも時間がかかってしまいました。今となっては懐かしい思い出です。

三つの完璧主義について少し詳しく説明します。

自己志向的完璧主義は、自分に完璧を求めるもので、だれもが考えるごく一般的な完璧主義です。

つぎの他者志向的完璧主義は、自分が他者のすること（多くは自分が課した課題や仕事）に対して完璧を求めるもので、親が子どもの学習に対して完璧（たとえば、テストで満点を取ること）を求めたり、上司が部下に対して仕事で完璧（たとえば、指示した書類を一つのミスもなく作成すること）を求めたりすることです。こうした完璧主義的な子育てや仕事の依頼・押しつけが、当事者である子どもや部下を（自己志向的）完璧主義者にして

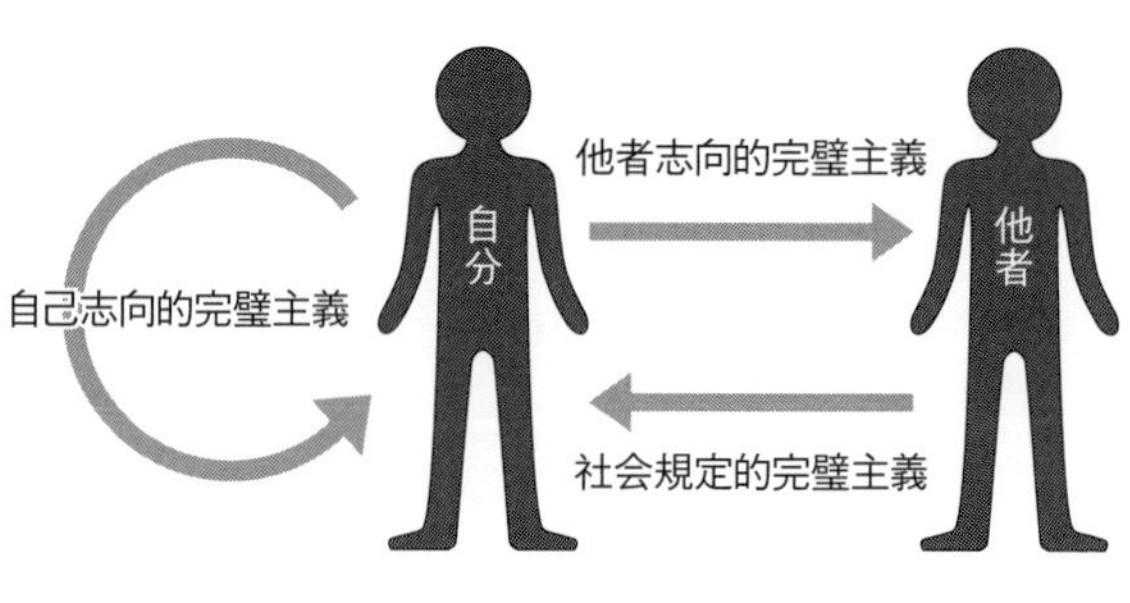

図 1-1　三種類の完璧主義のとらえ方

しまう可能性も高いようです。

三つめの社会規定的完璧主義は、自分が他者から完璧を求められていると認知するもので、言い換えれば、自分が完璧主義者であることを期待されていると感じる完璧主義のことです。他者志向的完璧主義者の対象になった人が、自分は課題や仕事を完璧に成し遂げなければならないと思い込み、社会規定的完璧主義になることは多いように思います（もちろん、その人がどのようなパーソナリティをもっているかにもよりますが）。また社会規定的完璧主義を受け入れた人は、おそらく徐々に自己志向的完璧主義になっていくことが予想されます。このように考えてみると、完璧主義には、①他者志向的完璧主義→②その対象となった人が社会規定的完璧主義を受け入れ→③そして自己志向的完璧主義になる、という流れがあるように感じられます。

ちなみに、第2章および第3章で紹介する大谷・桜井（1995）の大学生を対象にした研究では、三つの完璧主義の間には一方が高くなると他方も高くなる、という正の相関関係がみられます。その関係がもっとも高いのは自己志向的完璧主義と他者志向的完璧主義の間（相関係数［r=.45：以下同様）、つぎが自己志向的完璧主義と社会規定的完璧主義の間（r=.33）、最後が他者志向的完璧主義と社会規定的完璧主義の間（r=.22）でした。社会規定的完璧主義を受け入れると自己志向的完璧主義になりやすく、そして自己志向的完璧主義の人が（おもに自分の完璧のために）周囲の人に完璧を求めると他者志向的完璧主義になりやすい、ということは予想できます。詳しくは第2章（図2－2など）を参照してください。

なお、ヒューイットとフレット（Hewitt & Flett, 1990, 1991）によれば、完璧主義によって本人が不適応になるのは、自己志向的完璧主義の人と社会規定的完璧主義の人に多いということです。また、他者志向的完璧主義の人は完璧主義を向ける対象であるまわりの人から嫌われる可能性が高いようです。

完璧をどう判断すればよいか

ところで、完璧であることはどう判断すればよいのでしょうか。おそらくは、二つの種類の判断が求められます。それは、量的判断と質的判断です。

完璧の量的判断は比較的やさしい判断です。たとえば、選択肢形式の一〇個の問題があったとします。その場合、その一〇個とも正解（満点）であれば、それは完璧といえるでしょう。私がアメリカ留学時代に教師から「パーフェクト！」とほめられたのは、こうした問題でのことでした。ただ、一〇個の問題が記述式であった場合には、つぎの質的判断が求められます。こちらは結構やっかいな判断です。

完璧の質的判断とは、先の記述式の問題が典型例ですが、まずどんな基準で完璧（満点）と評価するかが大きな問題となります。出題前あるいは出題後でも、評価の観点とその観点における点数化の規準を作成することによって、出来栄えの程度を評価し、完璧かどうかを判断することができます。

ただ、採点者は複数のほうが信頼性（誰が採点してもほぼ同じ結果になるということ）が高くなるといわれますので、実際には複数の者で採点をします。しかし一方で、採点者の間には必ず得点のばらつきが出てきます。こうしたばらつきが小さくなるように、採点前に複数の採点者が採点の仕方について十分な打ち合わせをしたり、結果的に採点者間の得点の差が大きくなった場合には合議をしたりして、できるだけ判断が一致するように尽力して最終的な得点を出します。ただ、こうしたやり方の場合には、満点（完璧）ということはほぼありません。もちろん一番の人は決まります。

さらに、芸術の世界では、こうした採点にはあまり適さない評価もあります。芸術性や創造性を評価するような場合です。採点の仕方を決めたとしても、個人的・主観的な判断が入る可能性が大きく、審査者間で一致するような得点を出すことは至難の業です。この場合も一番の人はいても、完璧という人はほぼいないでしょう。

ただし、〝完璧ではない〟という判断は容易です。というのは、完璧については白か黒か、〇点か一〇〇点か、というような極端な判断をしますので、少しでも足りないものがあれば、イコール完璧ではない、ということになります。その意味で完璧という判断はむずかしくても、〝完璧ではない〟という判断は容易なのです。

自己に向けられた完璧主義とは

それでは、一般によく知られている、そしてよく問題にされる、自己志向的完璧主義（自分に向けられた完璧主義）について詳しく説明します。自己志向的完璧主義について最初に実証的な研究をし、当時としては画期的な質問紙を作成したのはバーンズ（Burns, 1980）でした。彼は、質問紙の項目内容として、①きわめて高い目標を設定すること、ならびに②小さなミスでも極度に恐れること、の二つを中心にして項目を考えました。その後、これらの観点は自己志向的完璧主義の重要な構成要素になりました。小さなミスでも極度に恐れるという観点は、「失敗恐怖」と呼ばれることもあります。その後、フロストらの研究（Frost et al., 1990）、私どもの研究（桜井・大谷　1997）、さらにはストエバーとオットーの研究（Stoeber & Otto, 2006）などを経て、自己志向的完璧主義の構成要素は、つぎの五点にまとめることができます。表1−1（18頁）もご参照ください。

一点めは、「すべてのことに完璧を求めること」です。少なくとも従来の完璧主義はこの要素がないと成り立ちませんでした。生活上の身近なことから学習や仕事にいたるまで、すべてのことに対して完璧を求めるのです。また、その求め方も重要で、〝完璧であらねばならない〟という信念に支えられています。論理療法で有名な心理学者エリス（国分　1980）は、〝すべてのことが完璧であらねばならない〟とする信念は、神様でもないかぎり実現不可能な信念（「不合理な信念〈イラショナル・ビリーフ〉」といいます）であり、こうした信念をもちつづけることは精神的健康にとって大きなリスク要因になると論じました。

なお、先にも指摘しましたが、こうした従来の完璧主義の人は多くはいないようで、現在ではすべてのことに対してというよりは、限定されたことに対して完璧であらねばならない、という信念をもつ人のほうが、研究のうえでも臨床のうえでも多いようです。

二つめは、「高すぎる目標を設定すること」です。バーンズの質問紙の項目内容でもきわめて高い目標の設定が着目されていましたが、達成が現実的には困難な、まるで〝理想〟のような目標を自分に課すことです。このような目標が不適切（「評価の対象となる目標」として不適切という意味です）であることは、冷静に考えればわかるのですが、なぜかそうしてしまう（神経症的な傾向によるといわれることが多いのですが）ところに問題があると考えられます。達成できないことが前提のような高すぎる目標の設定といえるかもしれません。

三つめは、「厳しすぎる自己評価をすること」です。二つめの要素として、高すぎる目標を設定してしまうこと、を挙げましたが、この目標に対する評価がまた厳格に行われます。少しでも達成されていないと即失敗（完璧ではない）と判断されます。このようなとき「今回はこの程度の出来栄えでいい、目標はあくまでも理想なのだから、徐々に理想に近づけばよいではないか」と現実的に、柔軟に（多分完璧主義者にとっては軟弱な）評価ができれば、問題にはなりません。ところが、そうした柔軟な判断ができないのです。

また、自分に厳しいがゆえに、目標を達成するために、他者の援助を求めることもしません。おそらくは、他者に援助を求めてしまうと、自分が能力のない人間であることを周囲に示すことになってしまうからです。完璧主義者は他者に対して、自分が有能な人間であることを示したい、あるいは少なくとも無能な人間だとは思われたくない、と思っています。そのため、課題や仕事に対して自分だけの力でがんばります。それは涙ぐましい努力といえます。そして、その結果として必要以上に疲れてしまう可能性も高いのです。

さらに、厳しすぎる自己評価は、「厳しすぎる自己批判をすること」にもつながります。少しでもミスをすると完璧ではなく、自己評価が大きく下がり、それによって自分はだめな人間だと厳しく自己批判をすることになります。

四つめは、三つめの要素とも関連しますが「小さなミスでもしないようにものすごく気遣うこと」です。心理学では〝失敗恐怖〟ということが多いです。小さなミスでもしてしまうと完璧ではなくなりますので、小さなミスが生じることを極度に恐れ、小さなミスが生じないようにものすごく気を遣うのです。とても神経質なのです。ミスをしないために細心の注意を払い、ひたむきに努力をしているうちに、やはりものすごく疲れてしまいます。

最後の五つめは、「他者から否定的な評価を受けるのではないかと過度に気にすること」、簡単にいえば「強すぎる評価懸念」です。評価懸念とは心理学の用語で、他者から否定的な評価を受けるのではないかと気にすること、心配することを指します。この評価懸念がとても強いのです。じつはこの要素は、これまでの自己完結的な（自分のなかだけで生じるような）要素と異なり、対人関係的な要素である点が特徴です。

自己志向的完璧主義がどのように形成されるかは第2章で詳しく説明しますが、幼少期に母親（主たる養育者）に対して形成される〝不安定なアタッチメント（おもに母親から無条件に愛されていない、という好ましくない思い）〟がこの原因のひとつといわれます。不安定なアタッチメントが形成された子どもは、母親から愛してもらうために、母親が課す課題を完璧にこなし、そのことで母親に自分には十分な価値があることを認めてもらおうとする傾向が強いのです（これを、「承認欲求の現われ」といいます）。自分に価値があることによって（母親から）愛されていると思えるという場合の愛情は、〝条件付きの愛情〟といわれます。

ところが、不安定なアタッチメントが形成されると、子どもは同時に、母親はあまり信頼できないのではないかと疑っていますので、課題を完璧にこなしても、ほんとうに承認してもらえるかどうかがとても不安なわけです。母親だけでなく、成長する過程ではこのメカニズムが周囲の他者（保育者、教師など）に広がり、そうした他者から否定的な評価を受けないかどうか、とても心配になるのです。もちろん、先にも説明したように、自分は有能でありたいと思っていますので、他者から、完璧に物事を成し遂げ承認されることに大きな価値を置いています。いずれにしても、他者から低い評価を受けないようにと過度に心配するという要素があるものと考えられます。

以上、自己志向的完璧主義を構成する五つの要素について説明しましたが、どう好意的に考えても、こうした完璧主義者がいつも完璧を達成することは無理な話であり、完璧を求めているうちに身体的にも精神的にも健康ではなくなることが予想されます。もちろん、限定された課題や仕事で高い成績や業績をあげ、他者にも高く評価され、とても元気にしているときもあります。ただそれは一時的なことととらえるほうがよいでしょう。

私たち人間には、もう少し現実的な完璧主義、適度に完璧を求める完璧主義、柔軟に完璧を求める完璧主義が適しているのではないでしょうか。冒頭で紹介したミケランジェロもこうした完璧主義を志向して立派な彫刻が制作できたのだと思います。私はこうした完璧主義を「完璧志向」として概念化しました。この後、紹介します。

完璧志向とは何か——完璧主義との違いに着目して

繰り返すようですが、私の大好きな「サン・ピエトロのピエタ」を制作したミケランジェロは、孤高の人であったとはいえ、不適応だったわけではなく、それなりに社会人としての生活を送っていたようです。その意味で彼は適応的な「完璧志向」の人であったと思われます。ミケランジェロにとどまらず、芸術の世界で偉業を成し遂げた人のなかには、こうしたタイプの人が多いのではないでしょうか。

わが国では、日本画家の川端龍子や奥村土牛もいわゆる完璧主義者であったようですが、私から見れば〝完璧志向〟の人であったと思われます。奥村土牛は、舞妓さんの絵を描いて展覧会に出展しようとしていたときのことですが、出展の前日になって急に「もう一度舞妓さんが見たい」といって京都に出かけたそうです。完璧を求める気持ちの現われではありますが、周囲の人はとても驚きました。しかし、現実的に対応が可能な範囲での行動ですので、これも適応的な行動の範疇に入るのではないでしょうか。

さて、ここでは、どちらかといえば〝不適応的な〟完璧主義（自己志向的完璧主義）と、ミケランジェロのような〝適応的な〟「完璧志向」の違いを明確にしておきます。とても大事なことですので少し詳しく説明します（表1－1もご参照ください）。

完璧主義から完璧志向への移行を可能にするのは、「完璧は理想であり、現実的には完璧に近づくことをよしとする」という考えを率直に受け入れることだと考えます。

まず、完璧主義の本来の定義によると、完璧主義者は「すべてのこと」を対象にして完璧を求めます。一方、完璧志向の人は「ある限定されたこと（多くは興味・関心のあることや他者から依頼されたこと）」を対象にして完璧を求める点が、本来の完璧主義者とは異なります。

ただし、前述の通り、実際の完璧主義者のなかには、完璧志向と同様に限定的なことを対象にして完璧を求める人も多くいます。たとえば、摂食障害になる人のなかには、理想的な細身体型

表 1-1　自分に完璧を求める二つのタイプの比較

	完璧主義 （過度な完璧主義ともいう）	完璧志向 （適応的完璧主義・健康的完璧主義などと類似）
対　象	・すべてのこと，あるいは限定されたこと	・限定されたこと
完璧の求め方	・完璧であらねばならない（過度・理想的）	・完璧でありたい（適度・現実的）
完璧の構成要素	①高すぎる目標の設定 ②厳しすぎる自己評価と自己批判 ③失敗恐怖 ④強すぎる評価懸念	①理にかなった高い目標の設定 ②しっかりした自己評価と自己強化（ほめる・はげます） ③失敗を恐れないこと（挑戦的姿勢） ④他者の否定的な評価をあまり気にしないこと
もたらされる結果	・一時的な適応（高いパフォーマンス・達成感など） ・長期的には不適応（疲労，先延ばし，無気力やうつ病，摂食障害〈拒食症・過食症〉，強迫性障害，不安障害など）	・適応（高いパフォーマンスと身体的・精神的健康など）

になることのみを目標とする完璧主義の人が少なくありません。したがって、この点では、完璧主義と完璧志向に大きな違いはありませんので、つぎの節で紹介する四つの完璧の構成要素で両者を比較するほうが合理的かもしれません。

二番め（表1－1参照）は、完璧の求め方の違いです。完璧主義では「完璧であらねばならない」という信念で固まっていますが、完璧志向ではあくまでも〝志向〟ですから「完璧でありたい」あるいは「完璧に近づきたい」ということでよいわけです。完璧志向では完璧をめざしますが、それは理想であり、現実的には理想に近づければよい、ということになります。完璧主義の完璧の求め方は、理想的で過度であるのに対して、完璧志向の完璧の求め方は現実的で適度と形容できます。このことを、つぎの四つの点から具体的に説明します。

完璧主義と完璧志向の構成要素の比較

一つめは、完璧主義では「高すぎる目標の設定」ですが、完璧志向では「理にかなった高い目標の設定」、もっと厳密にいえば、努力すれば達成が可能な程度の高い目標の設定ということになります。高すぎる目標、いわゆる理想的な目標をもつことも意欲づけには必要かもしれません。しかし、それはあくまでも理想としての目標であって、現実的にはがんばれば達成することができる高い目標をしっかりもっていることが大切です。この点は心理学における達成動機づけ研究の成果によって実証されています。

たとえば、数学のテストで一〇〇点を取ることは理想ですが、現実的には八〇点以上取れば今回はOKというような目標を設定するということです。また、職場では、ある会社との商談がうまく進むことが理想的な目標なのでしょうが、今回その会社がはじめての商談相手である場合には、すぐさま商談成立はむずかしそうなので、まずは相手の会社の営業（企画）担当に話を聞いてもらえればOKとする、というような目標を設定するとよいのではないでしょうか。

高い目標をもってその実現に向けてがんばることは「達成欲求」の現われでもあります。この領域での研究（たとえば、宮本・奈須 1995）によると、努力すれば実現できる程度の高い目標とは、六割から七割程度の確率で達成できると予想される目標のことであり、こうした目標をもって学習や仕事に従事することによって、もっとも高い生産性が期待できるとされています。これは目標設定のコツですので、覚えておかれるとよいでしょう。

二つめは、完璧主義では「厳しすぎる自己評価」ですが、完璧志向では「しっかりした自己評価」、もう少し具体的にいえば、自分の達成行動を振り返り、目標がどの程度実現できたかをしっかり評価すること、です。完璧主義の厳しすぎる自己評価では、必ず粗捜しをしますのでミスが見つかり目標（完璧）の達成はほぼ無理と考えられます。一方、完璧志向のしっかりした評価では、達成ならば達成と判断したうえで、詳細な部分まできちんと評価することが大事になります。すなわち、目標が達成できればそれでよしとするだけでなく、どのようなやり方がよかったのか、さらに高い目標を達成するにはどのような工夫が必要か、などを考えてみるとか、反対に目標が達成されないときには、どうしてうまくできなかったのか、どうすればうまくできるようになるのか、などを考えてみたりすることが必要です。そして、これらのことがつぎの適切な目標の設定につながります。さらに、目標が達成された場合には自分をほめ、目標が達成できなかった場合には自分を激励すること（自己強化）も大事です。このことによって意欲が持続されます。主体的に学習や仕事を進めるにはこうした対応が効果的です。

たとえば、さきほどの数学のテストの例では、八〇点を取ることを目標にしていましたが、実際には九〇点を取った場合、目標は達成されたと評価できます。しかも一〇点も多く。まずは自分に対して「よくやった」とほめてよいでしょう。つづいて、しっかりした振り返り（自己評価）が必要です。それまでのテスト勉強では家庭教師の言いなりになって依存的に勉強をしていたこと、テストでの不正解は文章題の文章をしっかり読まずに回答した結果であること、などが反省点として挙がるかもしれません。こうした反省はつぎのテストに役立ちます。家庭教師の支援は受けながらもより主体的なテスト勉強をすることや、テスト問題をよく読み冷静に対処することなどを心掛けることになるでしょう。

また、さきほどの職場の例では、はじめての会社を相手に尽力し、営業（企画）担当に話を聞いてもらえたことは目標が達成されたといえますので、今回は目標が達成されたと判断できます。自分をほめてよいでしょう。ただ、たとえば用意したレジュメがわかりにくかったこと、自分の上司との連携が悪かったこと、などが課題として挙がった場合には、同じ会社との次回の商談では、こうした点を改善して臨むことで話がまとまることが期待できます。

三つめは、完璧主義では「失敗恐怖」ですが、完璧志向では「失敗を恐れないこと」、もう少し具体的にいえば、失敗に恐怖を感じる（いつでもミスをするのではないかと疑心暗鬼になっている状態）のは行き過ぎですので、できるだけミスをしないように気を配る程度にして、失敗を恐れずに新たな挑戦をするということです。じつは、精神衛生上は、この失敗恐怖が不健康・不適応の大きなリスク要因であることが知られています。完璧志向では、できればミスはしないほうがよい、くらいに考えて、新たな挑戦をすることが大事です。

四つめは、完璧主義では「強すぎる評価懸念」ですが、完璧志向では「他者の否定的な評価をあまり気にしないこと」、さらに詳しくいえば、現実的には他者による否定的な評価は誰にでも起こることですので、それをあまり気にせず、むしろそれを自分が成長する糧と考えるようにすることです。周囲の他者との間に信頼関係があれば、その他者の肯定的な評価とともに否定的な評価も問題なく受容することができます。また、否定的な評価を受け入れることによって、学校の課題でも職場の仕事でも、より質の高いものにすることが可能になります。

繰り返しになるかもしれませんが、これまでの比較を通していえることは、完璧主義はあくまでも理想（完璧：ほぼ達成できないこと）を直接（現実）の目標にしてがんばるため、どんなにがんばっても結局は失敗し徒労に終わるということ、一方、完璧志向は、完璧はあくまで理想

（遠い目標）であることを理解していて、現実的な高い目標を設定しその実現に向けてがんばるため、目標が達成されることが多く、その結果として理想（完璧）に近づいていることが実感できるということです。どちらが健康で適応的かといえば、もちろん完璧志向です。しかし、完璧主義にはまってしまう人がかなりみられるのも現実です。どうしてなのでしょうか。この点についてはのちほど、簡潔に説明します。

完璧主義と完璧志向がもたらすもの

表１－１の最後には、完璧主義と完璧志向によって「もたらされる結果」をまとめました。完璧主義の場合には、一時的にうまくいくこともあり、そのようなときは課題や仕事で高い成果をあげ、身体的にも精神的にも良好で、むしろハイな状況になるようです。

しかし、長い目でみると、いつも完璧を達成することは困難なため、一生懸命がんばりますが、失敗恐怖で戦々恐々となり疲労度も高まり、さらには無気力になったり、すべきことを先延ばししたりするようなことが現われます。またほんとうに重い状態の場合には、強迫性障害（強迫観念や強迫行為によって本人が苦痛を感じ、不必要に時間を浪費し、日常生活に支障が生じている障害。強迫観念とは、外出先で家のドアのカギを閉めてきたかが気になる、など）や、不安障害、うつ病（自殺念慮も含む）などにもなります。

また先にも紹介した通り、完璧な体型（本人にとっての理想的な細身体型：一般には細すぎる体型）を過度に求める人の場合には、摂食障害（拒食症や過食症）になる可能性が高まります。じつは、完璧主義は摂食障害の研究で取り上げられて有名になりました。完璧主義についてこのようにみてくると、長い目でみるかぎり、不健康で不適応な状態をもたらすリスク要因として位置づけられると考えられます。

一方、完璧志向はその反対で、ほぼ適応的であり、仕事や学習で量的・質的に高いパフォーマンスをあげることができ、身体的にも精神的にも健康でいられるようです。両者の差はとても大きいように思います。完璧主義や完璧志向によってもたらされる結果については、第3章で詳しく説明します。

完璧を強く求められる仕事と完璧主義

ここで、完璧を強く求められる仕事があること、さらにそうした仕事と完璧主義の関係について言及しておきます。世の中にある仕事を俯瞰してみると、多種多様な仕事がありますが、なかには完璧を強く求められる仕事もいくつかあります。代表的なものは、医師、看護師、職人の方々の仕事ではないでしょうか。

医師は患者さんに対してミスを犯すことが絶対に許されない職業といえます。たとえば、外科では手術における小さなミスが患者さんの命を奪うこともあります。また、内科でも処方した薬が見合わなかったために症状が悪化し、死の淵をさまようというようなことも起こりえます。

看護師は医師の指示のもとに患者さんに対応しますが、やはりミスは許されません。医師の指示をしっかり確認せずに患者さんに対応した結果、投与した薬の量が多すぎて、患者さんが呼吸困難におちいってしまったが、そばにいた医師の措置によって大事にはいたらないですんだ、というような話を聞いて、ぞっとしたことがあります。

ミスを絶対に犯せないという点から考えると、医師や看護師は完璧主義者に近い存在でなければならないものと考えられます。ただ、一般に医師の仕事は効果の実証に基づいて適切な治療法が確立されているようで、手順をふまえて処置していれば、ミスを犯すことはほとんどないように思います。さらに、現在では重要な治療に関してはセカンドオピニオンを求めることもできますし、医師同士やカンファレンスによってその治療の選択が正しいかどうかを吟味することも行われています。また、手術にはその他の医療スタッフも立ち会いますので、ミスが生じないような体制はしっかり整えられています。

さらに、完璧主義では高すぎる目標を掲げることが重要な要素となっていますが、これも高度な医療や研究等を志向する医師を別にすれば、一般の医師の場合には現実的な高い目標であることが多いといえます。看護師の場合にもダブルチェックをしたり、複数で患者さんに対応したりできれば、ミスはほとんど起こらないといえるでしょう。また、とくに高い目標を掲げなければならないこともほぼありません。

こうした点から、一般の医師や看護師は、ミスを犯せないという失敗恐怖（不安）はかなり高いと考えられるものの、それだけで典型的な完璧主義とはいえないと判断します。ミスをしないような体制づくりや医師や看護師自身のたゆまざる努力によって、ミスを犯すことはほぼ防げるのではないでしょうか。しかし、医師も看護師も超多忙でとてもむずかしい仕事に従事していることは確かであり、油断や疲労などのためにミスを犯すことがないように日々注意しなければなりません。これをあたりまえのこととして治療にあたっている医師や看護師に感謝です。

職人気質と完璧主義

伝統工芸などに従事されている職人も、完璧を強く求められる仕事をしています。自分の技術に誇りをもち、頑固だけれども実直に仕事を進める職人には〝職人気質（職人かたぎ）〟があるといわれますが、そのおかげで、私たちは素晴らしい工芸品等を手にすることができます。ただ、そうした職人に求められるのは、決められたことやレベルをきちんと守って仕事をすることであり、その仕事が素人の私たちから見ればものすごく高い目標が達成されているように見えても、職人のなかの師匠や上司から見れば、完璧主義における高すぎる目標ではなく現実的で適切な高い目標であると判断されます。

職人から芸術家になる人もいますが、芸術家の場合に、これまでに存在しなかったような高い技術で、より創造的な作品を制作したいという高い目標をもったり、小さなミスでも犯したら即失敗でやり直しと考えたりするようになれば、これは完璧主義者あるいは完璧主義者に近い存在であるといえるでしょう。もちろん、こうした芸術家は天才肌であり、それなりの才能をもった人が多いと思われます。完璧を求めることによって天賦の才能が開花し、素晴らしい作品が生み出されます。私の大好きな陶芸家の一人である板谷波山はこうした天才肌の芸術家だと思います。彼の作品に出会うといつも魅了されてしまいます。

なぜ完璧を求めるのか

さて、この章の最後として、私たちはなぜ完璧を求めるのか、とくに自分に対してなぜ完璧を求めるのか、について少し考えておきます。詳しいことは、第2章の「完璧主義になりやすい人・なりにくい人（33頁）」のところで論じます。

私は動機づけの心理学を専門としていますが、人間はいくつかの〝心理的欲求〟をもっています（櫻井　2017 などを参考）。そのひとつに、有能さへの欲求（「コンピテンス欲求」ともいいます）があります。すでに本章に登場している「達成欲求」もそのひとつですが、これは完璧志向の重要な要素といえます。達成欲求は優れた水準で物事を成し遂げたいという欲求で、優れた水準を完璧あるいはそれに近いものとすると、完璧を求めるみなもとのひとつと考えることができます。ただ、完璧主義の場合には、まさに〝完全な〟完璧をめざしますので、現実的な達成欲求が完璧主義のみなもとのひとつになるとはいい切れないかもしれません。強いていえば、完璧主義のみなもとは〝肥大〟した達成欲求ということになるでしょうか。

さらに、有能さへの欲求には、他者から高く評価されることで自分が有能であることを確認したいという欲求、いわゆる「承認欲求」も含まれています。承認欲求を充足するには、上司からまかされた仕事を、自分の優秀な部下に命令してやらせて自分のものとしたり、教師から課された宿題を優秀な友だちがやってきた答えを写させてもらって提出したりして、自分がうまく達成したかのように見せかけ、自分を承認してもらうという方法もあります。とても姑息な方法ではありますが。しかし、一番よいのは、自分で完璧な達成をして、他者に承認してもらうという方法でしょう。この場合には後で不正等が発覚する恐れがありません。承認欲求を充足させるために、最良の方法が完璧主義者になることだと考えられます。とくに、自分は価値のない人間なのか、とやや疑問に思っている人（ほんとうは、価値のある有能な人間のはずなのに、いまはそうとは思えない人）にとって、他者から与えられた仕事や課題を完璧にこなすことによって他者に認められることは、自分の有能さを示し生きる価値を確認するためにとても重要なことです。

それでは、なぜ承認欲求が強くなるのでしょうか。その理由のひとつに以下のような指摘があります。

幼いころ、主たる養育者（母親の場合が多い）との間に「安定したアタッチメント（簡単にいえば、あたたかい心の絆。愛着ともいう）」が形成されなかった人のなかには、母親あるいは成長してからは母親を含め周囲の重要な人に、自分を認め愛してもらうために、与えられた課題や仕事を完璧にこなしたい、と考える人が少なくはないようです。母親との間に形成される安定したアタッチメントによって、私たちは「自分が無条件で愛される存在であること」そして「他者（はじめは母親）は信頼できる存在であること」を、幼いころは感じ、そして成長するとそう認知するようになります。こうした信念は、人間として生きていくために重要であり、これが形成されないと私たちは安心して生きていくことができません。

それゆえ、幼少期に安定したアタッチメントが形成されないと、子どもは母親の与える課題をうまく（完璧に）こなして承認してもらい、そのこと（優秀であること）によって愛してもらおうとがんばることもあります。つまり、承認欲求と愛情欲求がともに強くなります。そして、母親から与えられた課題を完璧にこなすことが、承認され愛される〝条件〟と考えるようになっていきます。無条件で愛されるのではなく、条件付き（できること）でしか愛されないのです。これはとても悲しいことですが、現実にはこのようなメカニズムで完璧主義の素地ができ、しだいに強化されていくものと考えられます。もちろん、すべての完璧主義者に適用されるメカニズムではありません。

物事が完璧にできることによって承認されそして愛されていると感じるのではなく、母親のあたたかい養育行動によって、とくにあたたかいスキンシップによって無条件に愛されていると感じることができれば、すなわち〝安定したアタッチメント〟が形成されていれば、このようなことはほぼ起こりません。発達心理学では、安定したアタッチメントの形成は発達の基礎・基盤といわれますが、まさにその通りだと痛感しています。

まとめ

本章では、完璧主義とは何か、どのような要素で構成されているのか、適応的な「完璧志向」とはどのようなものか、医師や看護師は完璧主義者か、職人気質とはどういうものか、なぜ人は完璧を求めるのか、などについて説明しました。

完璧主義とは、過度に完璧を求めるパーソナリティあるいは認知傾向のことです。完璧主義には三種類のものがあります。一つめは自分に完璧を求める自己志向的完璧主義、二つめは他者に完璧を求める他者志向的完璧主義、そして三つめは他者から自分に完璧が求められていると認知する社会規定的完璧主義です。このうち、最初の自己志向的完璧主義がもっともよく知られています。この完璧主義には、①すべてに完璧を求めること（ただし、限定されたことに完璧を求めることもあります）、②高すぎる目標を設定すること、③厳しすぎる自己評価と自己批判をすること、④小さなミスでも過度に気にすること（失敗恐怖）、⑤強すぎる評価懸念をもつこと、といった特徴的な認知や行動がみられます。こうした認知や行動によって、長い目でみると、抑うつなどの不適応におちいるケースが多いとされます。

一方、こうした自己志向的完璧主義の適応タイプが「完璧志向」です。ミケランジェロは完璧主義者といわれますが、実際には完璧志向の人であったと考えられます。完璧主義者は完璧であらねばならないと理想を目標にして努力しますが、完璧志向の人は完璧でありたい、あるいは完璧に近づきたいという現実的な目標をもって完璧に近づこうと努力するため、適応的に生きることができます。

完璧主義者に近い職業人として、医師、看護師、職人がいますが、前二者はミスを犯してはならないという強い気持ちがあり、後者の職人には高い技術レベルで作品を制作したいという気持ちがあります。いずれも完璧主義者がもつとされる高すぎる目標はもたないという点から、ほとんどの人は完璧主義者でないものと考えられます。

人間が完璧主義になる背景のひとつとして、乳幼児期に形成される不安定なアタッチメントが挙げられます。不安定なアタッチメントが形成された子どものなかには、無条件に愛されないため、何かができること、とくに完璧にできることによって母親に認められ、条件付きで（価値ある人間であることによって）愛されようとがんばる子どもがいます。成長すると、母親だけでなく周囲の重要な人に対しても、この方法で愛されることを求めます。この過程で完璧主義はしだいに強くなることが予想されます。

第２章 完璧主義になりやすい人・なりにくい人

子育てによって完璧主義の素地がつくられる

子育ては二つの面で、子どもに自己志向的完璧主義の素地を形成します。ひとつは、子どもの心の中に不安定なアタッチメントを形成することによって、もうひとつは母親が完璧主義的な子育てをすることによってです。具体的にみていきましょう。

●不安定なアタッチメントが形成された場合

前章の「なぜ完璧を求めるのか（27頁）」の節でふれましたが、アタッチメントは、乳幼児期に形成され成長とともに少しずつ修正される〝心の絆〟であり、ナイーブでとても大切な感情ならびに信念のことです。これは重要な概念ですので、ここで詳しく説明したうえで、完璧主義との関係について解説します。

まず、図２－１をご覧ください。この図には、乳幼児期を中心にした完璧主義の形成のプロセスが図示されています。おもに母親への不安定なアタッチメントと母親による完璧主義的な養育行動（他者志向的完璧主義の現われ）が、子どもの完璧主義の形成とどうかかわっているかがまとめられています。以下の説明とともに適宜ご参照ください。

アタッチメントには〝安定したアタッチメント〟と〝不安定なアタッチメント〟があります（たとえば、小林　2010）。子どもが乳幼児期（出生から六歳くらいまで）に、主たる養育者（おもに母親）からあたたかい養育、とくにスキンシップを十分にともなった養育を受けると、子どもにはやがて安定したアタッチメントが形成され、母親に愛情を感じるとともに「母親は〝無条件に〟自分を愛してくれる人であり、同時に自分にとって信頼できる人である」という思いが形成されます。これはやがて「自分は他者から愛される存在であり、他者は信頼できる存在である」という他者一般を対象とした確固とした信念へと成長していきます。そして、子どもは何かができる・できない（すなわち、優秀であるかどうか）に関係なく、母親をはじめとする他者（「重要な他者」ともいいます）から愛されていると思い、安心して生活することができます。

ところが、あたたかい養育行動が少なく、ぞんざいで冷たく子どもからの行動にあまり反応しない母親に育てられると、子どものなかに不安定なアタッチメントが形成されます。子どもは自

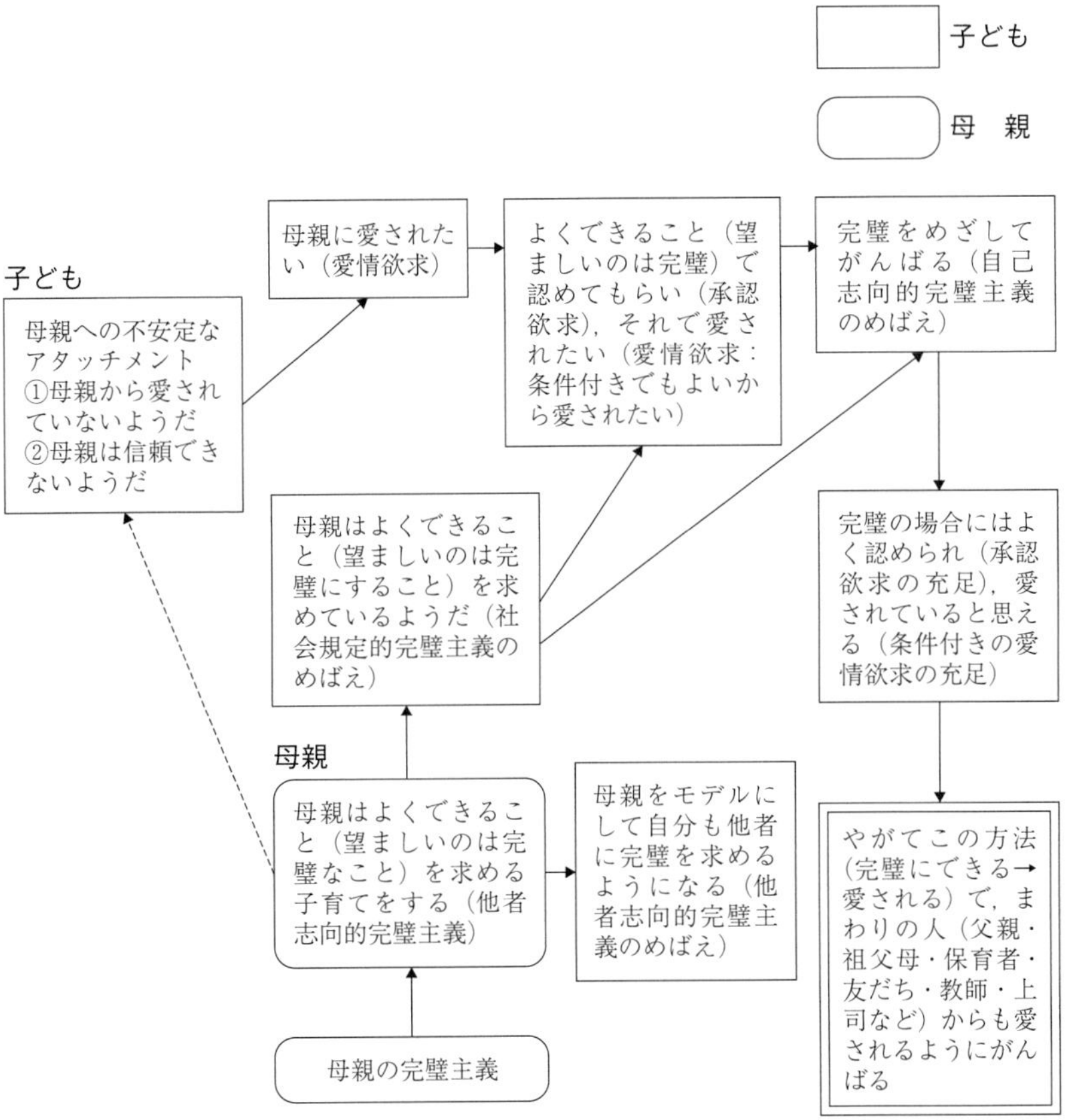

図2-1　乳幼児期を中心とした完璧主義の形成プロセス（仮説）

分が母親から愛されている、母親は信頼できる、とは思えなくなってしまいます。子どもはそうした思いをはねのけるかのように、母親に愛されたいという気持ち（愛情欲求）を強くもつようになります。

そこで子どもは母親に愛されるために（愛情欲求を充足させるために）、母親から与えられる課題（たとえば、お絵かき）を〝完璧〟にこなし、価値のある有能な人間であることを証明し母親にほめてもらおう（承認してもらおう）とします。一般に、ほめてもらうことは承認欲求の充足になりますが、この場合には少々複雑で、「ほめられること＝有能」で価値のある人間として愛されることであり、承認欲求の充足とともに愛情欲求の充足にもなる、という構図になっています。後述するように、子どもが成長すると、承認欲求を満たすためだけに物事を完璧にこなしてほめてもらうことももちろん生じます。とくに学校で課題をうまく達成して教師や親にほめて認めてもらうことや、成長して大人になり職場で与えられた仕事を見事にこなして認めてもらうことは、これにあたります。

また、子どもに不安定なアタッチメントを形成してしまう母親のなかには、子どもに与えた課題がただ単にできるくらいでは子どもをほめず、他の子どもよりも優れている（周囲の子どもたちのなかで一番である）、あるいは課題がパーフェクトの出来だ、と判断したときにのみほめる傾向の母親がいます。子どもへの期待が大きく、完璧を望むのです。いわゆる典型的な〝教育ママ〟でしょうか。子どもはそのことをいつの間にか感知して、十分ほめてもらえるように、パーフェクトをめざしてがんばるようになります。こうした子どもはとても健気にみえますし、また同時にとても哀れにもみえます。

まとめると、不安定なアタッチメントを形成してしまった子どもには「①自分は母親から愛されていない→②有能で価値のある人間になれば愛されるはずだ→③そうした人間になるために与えられた課題は完璧に成し遂げよう」という流れで、完璧主義の素地が形成されることがあります（図２－１の左の上部から右下への流れを参照）。

一方、乳幼児期に安定したアタッチメントが形成され、自分は母親から愛されている、さらに自分は母親を信頼できる、と思えた子どもは、母親が与える課題に対して完璧であらねばならない、と考える必要はありません。母親から愛されていることを背景に、心底安心して、自分が興味・関心のあること（たとえば、虫取りや公園での探索）に没頭したり、新たなことに挑戦したりするようになります。そして完璧にこだわるよりも、できるだけうまくやり遂げられればよいという志向（完璧志向）で成長していきます。

なお、日本人の場合、不安定なアタッチメントが形成される子どもの割合は、どの程度なのでしょうか。生後十二か月児を対象に、ストレンジ・シチュエーション法（母子が未知の場所〈研究室〉を訪問し、母子が分離した状況で子どもが知らない人に接した後に母親と再会する場面をつくり、子どもが母親に対してどのような行動をとるかを観察して、子どもの愛着のスタイルを測定する方法）を用いて検討した研究によると、一二〇％程度であることがわかりました（三宅

1991)。この割合は他の国のそれ（三〇〜六〇％程度）と比べるとかなり低いといえます。ということは、わが国の場合には、不安定なアタッチメントが原因で自己志向的完璧主義になる可能性は他国と比べ低いといえるでしょう。完璧主義について国際比較を行った研究は見出せませんでしたので、幼児期以降の完璧主義の状況についてはわかりません。

さて、これまでは自己志向的完璧主義の形成過程について説明してきましたが、社会規定的完璧主義も、母親がよくできること（理想的には完璧にできること）を自分に望んでいると感知したときに形成されはじめると考えられます。また、他者志向的完璧主義については、完璧主義的な子育てをする母親を〝モデル〟にして形成される可能性が高いと考えられます（図2－1の中央の部分を参照）。

●完璧主義的な子育てがなされた場合

ここでは、完璧主義的な子育ての影響について説明しますが、その前に「完璧主義的な養育行動を含めた〝他者からの他者志向的（おもに子どもに向けられた）完璧主義的な行動〟」（図2－2の左端）が、子どもの完璧主義の形成にどのような影響を及ぼすのか、さらにその過程で影響する要因にはどのようなものがあるのかを、図2－2に示しました。具体的にいえば、「他者による他者志向的（子どもに向けられた）完璧主義的な行動↓子どもの社会規定的完璧主義↓子どもの自己志向的完璧主義↓子どもの他者志向的完璧主義」という流れに対して、その過程に影響

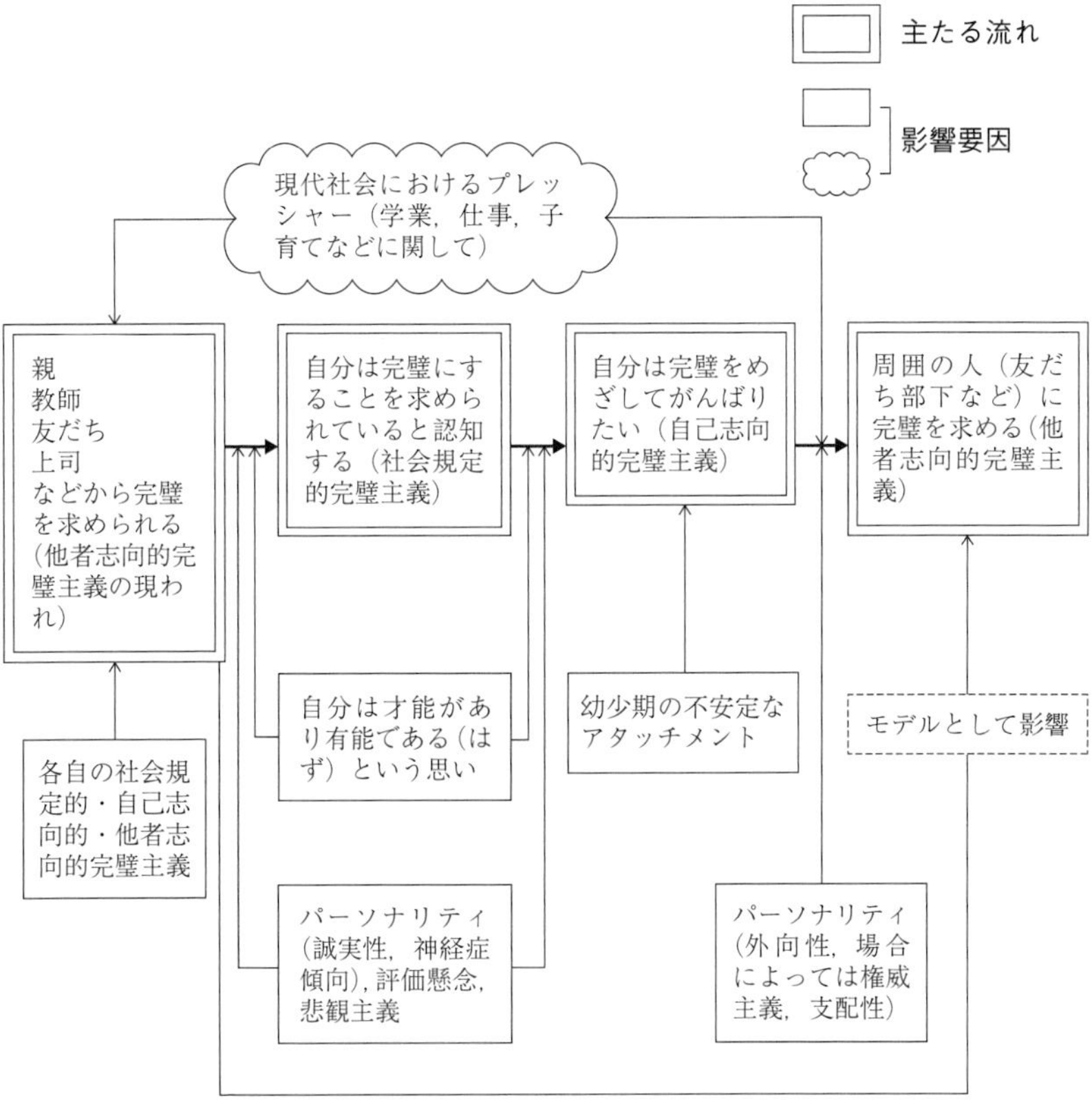

図 2-2　児童期以降を中心にした完璧主義の形成プロセス（仮説）

注）遺伝要因は割愛されている。

する要因として、有能感、パーソナリティ、アタッチメントなどが配置されています。以後の説明では、この図も適宜ご参照ください。

さて、母親が完璧主義である子どもや、母親から完璧主義的な養育行動を受けた子どもは、完璧主義を形成してしまう可能性が高いようです。一方、父親の完璧主義は子どもの完璧主義の形成に大きな影響は及ぼさないようです。私が行った文部科学省の科学研究費に基づく研究（桜井 2001）でこのことがわかりましたので、少し長くなりますが具体的に説明します。

まず、大学生一五〇名ほどに、質問紙を用いて自分の完璧主義、母親の完璧主義、父親の完璧主義（おもに自己志向的完璧主義）について評定してもらいました。その結果、自分の完璧主義と母親の完璧主義には関連が認められましたが、自分の完璧主義と父親の完璧主義の間には関連がありませんでした。こうした結果は、母親の完璧主義が子どもへの養育行動を通して、子どもに伝達される可能性が高いことを示しています。一方、父親はいまのところ母親ほど養育行動にかかわらないと想定できますので、養育行動を通して完璧主義が伝達される可能性は低いと考えられます。

完璧主義的な父親である私はこの結果にいったんは安堵しましたが、よく考えてみると発達心理学の専門家になるつもりで、普通の父親に比べれば息子の養育にかなりかかわりましたので、ひょっとしたら息子に私の完璧主義が伝達された可能性があるのではないかと考えています。ただ、いまのところ、息子は私ほどの完璧主義者ではありませんので、伝達されたとしてもその影響はごくわずかなのかもしれません。

また、ある友人の父親は根っからの〝教育パパ〟で、友人の小学校時代の宿題を必ず点検し、夏休み等の長期休業中に課される宿題もこと細かに点検して間違いがあるとそれらをすべて訂正させたという話を聞きました。彼は「自分の完璧主義は父親の完璧主義的な点検・確認行動の〝賜物〟だ！」、といっていました。

こうしてみると結局のところ、父親の影響については、養育行動を間に挟んで「親の完璧主義→完璧主義的な養育行動→子どもの完璧主義」という関係で詳しく調べてみなければ、明確な結論は出せないと考えられます。

この研究や欧米での研究によると、父親の完璧主義は子どもにあまり伝達されないようなので、私は深く考えずに、ターゲットを母親に絞り父親を抜きにして研究を進めました（研究者としては失格かも！）。すなわち、母親の完璧主義と子どもの完璧主義の関連をその間に養育行動を挟んで詳細に調べることにしたのです。

まず、大学生二五〇名ほどに、自己志向的完璧主義（自分に向けられる完璧主義）と社会規定的完璧主義（他者から自分に完璧が求められていると認知する完璧主義）について、自分と母親を対象にその程度を評定してもらいました。つづいて、母親の完璧主義的な養育行動を評価できる質問紙がほしかったため、自由記述でその項目を集め、そして質問紙の原案を作成して同じ大学生に評定してもらいました。

母親の完璧主義的な養育行動がどのような観点から整理できるのかを検討したところ、三つの観点が明らかになりました。それらは、①子どもの生活に完璧を求める養育行動（たとえば、何事も最後まできちんとやらせる、うそを許さない）、②子どもの学業に完璧を求める養育行動（たとえば、勉強では常に一番を望む、テストでは一〇〇点を取ることを求める）、そして③子どもの行動を支配・コントロールしようとする養育行動（たとえば、自分に従うことを求める、ほめるよりも叱ることで教育しようとする）、という観点です。養育行動についてはこれらの観点を用いて「母親の完璧主義→完璧主義的な養育行動→子どもの完璧主義」という関係を分析しました。

その結果、母親の自己志向的完璧主義は、子どもの生活に完璧を求める養育行動を媒介して、子どもの自己志向的完璧主義に影響することが明らかになりました。さらに、母親の社会規定的完璧主義は、子どもの行動を支配・コントロールしようとする養育行動と子どもの学業に完璧を求める養育行動の両方を媒介して、子どもの社会規定的完璧主義に影響することがわかりました。この結果は、図２－２の左側から子どもの自己志向的完璧主義にかけての流れに沿った結果といえます。

全体としては「母親の完璧主義→完璧主義的な養育行動→子どもの完璧主義」という関係が明らかになりました。ただ、完璧主義の種類によって媒介する完璧主義的な養育行動には違いがありました。いまのところ、その理由はわかりません。また、母親の完璧主義や養育行動を子どもである大学生が評定していることや、分析の精度がそれほど高くないこと、さらに他者志向的完璧主義を調査しなかったこと（ただ、完璧主義的な養育行動はこの現われのひとつと考えられます）を考慮すると、さらなる検討が必要であると考えられます。いままでの経験から、研究にはこうした不明・不備な部分があるもので、それゆえにさらなる研究をしたい、さらなる研究をしなければならない、という気持ちになり、研究は継続されるものだと私は考えています。

大学生で予想した結果が確認できましたので、つぎに中学生を対象に同じことがいえるかどうか、検討してみました。私の主たる研究対象は子どもですので、当然の流れといえます。

中学一、二年生四八〇名ほどを対象に、大学生の研究と同じ観点で作成された質問紙を用いて調査をしました。その結果、母親の自己志向的完璧主義には想定したような結果は認められませんでしたが、母親の社会規定的完璧主義には、第一に、大学生と同じ二種類の完璧主義的な養育行動（子どもの行動を支配・コントロールしようとする養育行動と、子どもの学業に完璧を求める養育行動）を媒介して、子どもの社会規定的完璧主義に影響すること、第二として、三種類すべての完璧主義的な養育行動を媒介して、子どもの自己志向的完璧主義に影響すること、が明らかになりました。これらの結果は、図2－2の左側から、子どもの社会規定的完璧主義、自己志向的完璧主義にかけての流れに沿った結果といえます。

「母親の社会規定的完璧主義→支配・コントロール、学業上の完璧を求める養育行動→子どもの社会規定的完璧主義」という関係は大学生の場合とまったく同じ結果でした。自分に完璧が求められていると思う母親は、その思いを実現するかたちで、子どもに対して完璧主義的な養育行動をし、その結果子どもも母親と同じように自分に完璧が求められていると思うようになる、ということです。後者の「母親の社会規定的完璧主義→子どもの生活に完璧を求める養育行動、支配・コントロール、学業上の完璧を求める養育行動→子どもの自己志向的完璧主義」という関係は、自分に完璧が求められていると思う母親は、その思いを実現するかたちで、子どもに対して完璧主義的な養育行動をし、その結果子どもは自分に完璧を求めるようになる、ということです。図2－2に基づくと、自己志向的完璧主義の前に、社会規定的完璧主義が媒介していると考えることでうまくフィットします。

全体として、中学生でも「母親の完璧主義→完璧主義的な養育行動→子どもの完璧主義」という関係が確認されたわけですが、研究の精度がまだ低いため、確固とした結論は出しにくい状況にあります。ただ、大学生に比べると、中学生の母親がもっと推定される社会規定的完璧主義は、子どもへの養育行動を通して子どもの完璧主義により強く影響することがわかりました。母親には完璧な子育てをするようにという外圧（図2－2の現代社会におけるプレッシャーのひとつ）が強く働いていると想像されます。

こうした一連の研究の最後として、幼児をもつ母親を対象に調査をしました。年少・年中・年長の幼稚園児をもつ母親二三〇名ほどに、自身の完璧主義（自己志向的、他者志向的、社会規定的の三種類）と完璧主義的な養育行動、さらに子どもの自己志向的完璧主義を評定してもらいました。完璧主義的な養育行動についての質問紙は、①子どもへの干渉的な養育行動（たとえば、口うるさいほうである、干渉するほうである）、②子どもの生活に完璧を求める養育行動（たとえば、整理整頓はうるさく注意する、何事も最後までやらせる）、そして③育児書等に基づく完璧な養育行動（たとえば、育児書通りに子育てをしている、知的な活動〈勉強、パズルなど〉では一番であることを望んでいる）の三つの観点を中心に、合計六つの観点で構成されました。大学生や中学生のものとは少し趣を異にしています。

分析の結果、母親の自己志向的完璧主義は、子どもへの干渉的な養育行動と子どもの生活に完璧を求める養育行動を媒介して、子どもの自己志向的完璧主義に影響することが明らかになりました。ただ、子どもが幼児の段階では、完璧主義もパーソナリティや認知傾向として成熟していない可能性が高いため、この研究はひとつの試み程度にとらえてもらうほうがよいと考えます。

以上、私の研究を紹介しましたが、全体を通していえることは、「母親の完璧主義→完璧主義的な養育行動→子どもの完璧主義」という関係はほぼありそうだ、ということです。言い換えれば、母親が完璧主義であると、その養育行動は完璧主義的になり、そしてそうした完璧主義的な養育行動によって育てられた子どもは完璧主義になる、ということです。ただし、遺伝の影響も無視できません（これについては後述します）。こうした示唆が得られた点で、一連の研究は一定の成果をあげたものの、一時点のデータから因果関係を推定していますので、二つの時点でデータを取得して、この関係をしっかり検証することが今後の課題といえます。なお、こうした結果は図２－２の大きな流れの部分を支持する結果です。

さて、それではこれまでの研究結果の理解を深めるために、幼児期の身近な例を挙げておきましょう。子どもは二歳前後になると、基本的な生活習慣の確立（自立）が求められます。具体的にいえば、①ひとりで衣服の着脱ができる、②ひとりで食事ができる、③ひとりでトイレに行って小便大便ができる、といったことの自立が求められます。この自立は、一般的には三歳の終わりころまでになされればよいようです。こうした基本的な生活習慣がうまく確立できれば、子どもは身辺自立ができたということで、自分に自信をもち、より活発に活動するようになります。とても素晴らしい発達の姿といえるでしょう。

一方で、こうした課題とくにひとりでトイレに行って小便大便をするという課題は、達成までに相当の困難がともなう課題であり、母親にはあたたかく忍耐強い対応が求められます。粗相をしても少しずつできるようになることをよしとし、ほぼ達成できるようになるまで、母親は子どもと一緒にがんばります。ところが、完璧主義的な母親は完璧に粗相のないトイレの利用、それも早期にその達成を求めるため、問題が生じます。子どもがうまくできないとすぐにいらだち、子どもをたたいたり叱責したりします。そのために、子どもは神経質になり、完璧にトイレの利用ができないと叱られると思うようになり、完璧を強く志向するようになっていきます。うまくできないと叱られることを予期して叱られる前に泣き出して「ごめんなさい」を連発したり、場合によっては自分で自分の頭をたたいて罰したりもします。このような過程を通して、子どもの完璧主義は徐々に強く形成されていきます。

なお、すでに本節の前半でも指摘しましたが、母親による完璧主義的な子育ては、子どものモデルとなって子どもに他者志向的完璧主義が形成されることも予想されています（図2－2参照）。

完璧主義を助長したり軽減したりする発達的な要因がある

完璧主義を助長する発達的な要因として、対応すべき課題や仕事の増加にともない完璧を求める課題や仕事の量が増えること、さらに質的な完璧も多くの課題や仕事で求められること、反対に軽減する要因として、加齢とともに仕事が減ったり達観したりすること、があります。

●成長とともに完璧を求められることが増える

前節の最後では、基本的な生活習慣を確立する過程で、母親から完璧を求められた子どもはしだいに完璧主義になっていく、という例を挙げました。幼いころ、こうした達成課題は母親から与えられますが、その数はそれほど多くはないでしょう。幼児期初期（三歳くらいまで）の子どもは、母親から与えられる課題以外は、自分が好きなことや興味・関心のあることに没頭すればよいのです。それが幼児期の素晴らしい特徴でもあります。

ところが、成長とともに、子どもにもすることが増えます。まず保育園や幼稚園時代は、園の先生や友だちから、さらには家族のメンバーからも、すべきことをしっかりするように求められます。小学校に入学すれば、教師や友だちから、もちろん家族のメンバーからも課されることは多くなります。中学校、高等学校と課されることやすべきことは増え続けていくように思われます。

小学校以降の学校では授業にともなう宿題や復習・予習も課されますし、子どもによっては学習塾の宿題も加わることになります。こうした状況において、完璧主義傾向のある子どもは、それら〝すべて〟を完璧に成し遂げようとがんばると、完璧主義はより強く形成されます。すべてのことではなく、限定されたことに絞ったとしても、年々、その数は増えてゆき、完璧主義も徐々に確かなものになっていきます。

大学生はどうでしょうか。得意な分野で大学に進んだ学生は、それゆえにすることも増えます。必修科目や選択科目のほかに、専攻（得意な）分野の科目を完璧に学びたいと思うと完璧主義は強まるでしょう。一方、親や教師のすすめや、就職に有利という理由などで大学や学部を選んだ学生は、あまり得意でもなく好きでもない分野で学ぶことになるわけですから、最低限のことしかしなくなり、すべきことはひょっとすると高校生よりも少なくなるかもしれません。完璧主義が軽減される可能性はあるでしょう。

就職後はどうでしょうか。現代は労働力人口が減っており、職場で多くの仕事をミスなくこなすことが求められ、さらに仕事に対する責任も生じることから、完璧主義は強くなると考えられます。繰り返すことになりますが、労働力人口の減少とともに、部下として上司からまかされる仕事も多くなっています。もちろん上司のタイプにもよりますが、仕事の量は昔より少ないことはありません。それを完璧にこなすにはたいへんな努力が必要です。さらに管理職になると、部下をうまくつかって高い目標を達成しなければならないため、自分もさることながら部下にも完璧を求めます。したがって、本人の完璧主義がさらに高くなると同時に、完璧を求められた部下も完璧主義を高めてしまう可能性が高くなります（図２－２の左側の上司から完璧を求められる→（部下の）社会規定的完璧主義から他者規定的完璧主義までの横の流れを参照）。

成長とともに、することやすべきことが増え、それらに完璧を求めると、完璧主義はいっそう強固なものになっていきます。成長とともに人間の処理能力は高まります（図２－３も参照、51頁）が、おそらくそれを凌駕するかたちで、することやすべきことが増えるでしょう。

他者志向的完璧主義は、仕事の量が多くなると、部下や後輩に仕事を押しつける傾向が強まりますので、より助長されるでしょうし、またそうしたことによって、人によっては社会規定的完璧主義が助長される可能性も高くなります。

●成長とともに質的にも完璧を求められることが増える

さらに、もっと厄介なことは、成長とともに量的のみならず質的に完璧を求めるようになることや、他者からもそれを求められることではないでしょうか。

量的な完璧の判断は第1章でも説明した通り、選択肢があるような問題であれば、一〇問中一〇問正解でパーフェクトと判断できます。しかし、質的な完璧の判断はそう簡単ではありません。学校では教科の問題が中心になりますが、たとえば、正解が一つではない問題やいわゆる正解がないような問題、さらには創造性が問われるような問題などでは、完璧を求められたりしても、完璧かどうかが個人では判断できない場合が多いのです。結局は、その問題を採点する人の好みや回答した人のなかでの得点の相対的な位置によって、ほぼ完璧かどうかくらいが判断される程度ではないでしょうか。

質的な完璧の判断はむずかしく他者にゆだねられることも多いため、自分がどんなに努力しても完璧とは思えない状況も生じやすいといえます。とくに〝すべて〟のものに対して完璧を求める人は、いっそう完璧主義を高めることになります。このような状況では、極度の疲労が生じたり、平時からいらいらした状態となったりするでしょう。

質の高い仕事の達成が求められるようになると、職場では優秀な人材（多くは完璧主義で質の高い仕事ができる人）に仕事が集中し、そのような人の完璧主義はさらに高まることが予想されます。テレビドラマではたまにこうした社員が登場しますが、仕事の処理で疲弊し、いろいろ考えた末に転職し成功するか、あるいはその状況を乗り越えて出世し、今度は自分が管理職となり部下に同様の仕打ちをし、部下に嫌われてみじめな会社人生を送る、というような二パターンがあるように思いますが、いかがでしょうか。

●加齢によって完璧主義が変化する

一方で、加齢とともに仕事の処理能力が衰えます。仕事の処理能力と深く関係する要因として知能が挙げられますが、知能の劣化現象について、図２－３をご覧ください。

知能の研究では、現在二種類の知能がよく知られています。ひとつは、二十五歳ころをピークにして加齢とともに下降する「流動性知能」です。もうひとつは、二十五歳を過ぎてもその状態がほぼ維持される「結晶性知能」です。流動性知能とは、問題解決、計算、推理、記憶といった人の情報処理にかかわる知能であり、結晶

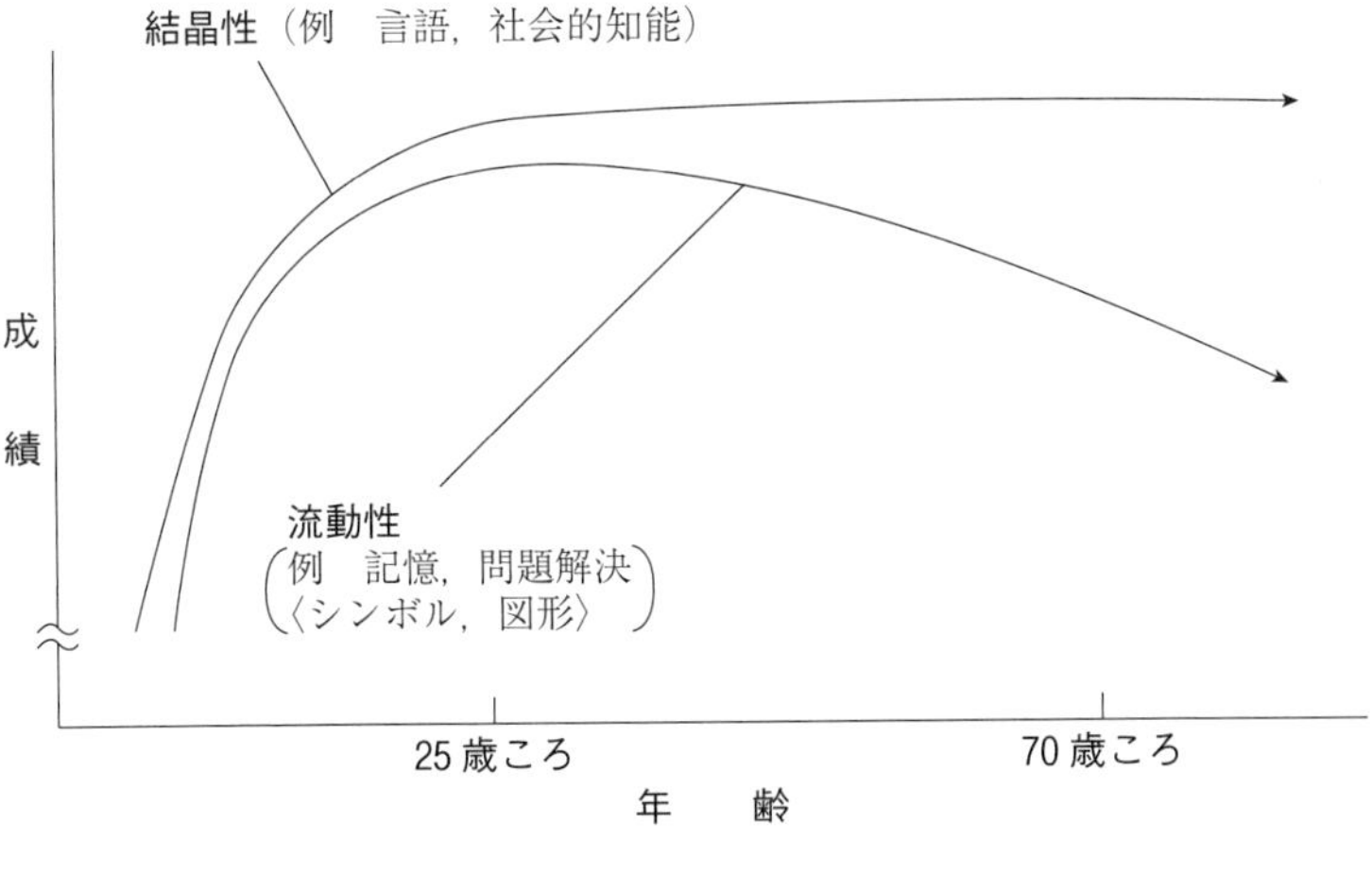

図 2-3　流動性知能と結晶性知能の発達的変化
（Baltes, 1987 を基に作成 , 黒田 , 2013, p.107 より転載）

性知能とは、語彙の豊かさや一般的知識、社会的スキル（あるいは社会的知能）といった獲得された知識や技能にかかわる知能です。前者は若者に有利な知能です。後者は経験がものをいう知能であり、高齢者の知恵あるいは英知（wisdom）と軌を一にする知能といえます。悲しいかな、科学技術の進歩とともに飛躍的に発展してきた情報処理に関する能力は、二十五歳前後をピークにして下降するということで、二十五歳以降はおそらく、もう一方の知能である結晶性知能を有効に活用して、課題や仕事をうまく処理しなくてはならないと考えられます。ただし、結晶性知能は経験の産物なので、若いころからしっかり学び、スキルをきちんと身につけていれば、それなりに大丈夫ともいえます。

さて、流動性知能は二十五歳前後で下降線をたどりますが、私が仕事の処理能力が急に落ちたと感じたのは五十歳くらいでした。経験的には五十歳ころがターニングポイントではないかと思います。いままで完璧をめざして比較的スムーズに処理できたものが、そう簡単にはできなくなってしまいました。自分の能力の劣化を認め、いままでよりも低い目標でほぼ完璧をめざせばよさそうなものですが、この時期になると年長者としてあるいは管理職としてそうはできないことも多いのです。そうしたとき、自分にいらいらしながらも何とか従来の方針で完璧主義を貫こうとするのですが、やはりうまくはいきません。結局は、新米の准教授や古参の職員に助けてもらうことになりました。

ただ、退職後に非常勤職員として務めたり、定年延長によっていままでよりも重要度の低い仕事をまかされたりするような場合は、当人のプライドの問題はあるかもしれませんが、完璧をそれほど強く求めなくてもよい状況になりますので、完璧主義の人にとってはややリラックスして仕事ができる環境になるといえます。

そしてやがて、加齢にともなう能力の劣化は顕著となり、〝完璧を求めるのはもう無理、でももうそれでいいです〟と達観できる日がくるように思います。私は現在六十三歳ですが、まだこうした達観にはいたっていません。もう少し、完璧を求めて仕事をしたいと思っています。

完璧主義を形成・強化する社会的な要因がある

社会的な要因のなかには、完璧主義を形成したり、強化したりするものがあります。ひとつは、良好な対人関係を形成・維持するために、幼少期の不安定なアタッチメントを払拭しようとするメカニズムと同じメカニズムが働いて、完璧主義を強くすることがあります。二つめには、単純に有能であることを周囲の人に認めてもらうために完璧を求めることがあります。三つめには、現代的なプレッシャーが完璧主義傾向を強める方向に働きます。

●良好な対人関係を形成・維持するために完璧を求める

本章の冒頭では、子どもに不安定なアタッチメントが形成されると、母親に愛されたいという欲求が充足されずに残り、なかにはその充足のために母親から課されることは完璧にこなし大事な母親に認めてもらうという方法で、愛情欲求の充足をはかるケースがあることを説明しました。

このような方法での愛情欲求の充足は、成長してからもつづきます（図2－1の左の上部から右下への流れを参照）。周囲の人、すなわち家族や教師や友だちに愛されること、そして居心地のよい居場所をつくるために、完璧主義傾向の強い子どもだけでなく普通の子どもでも、もちろん大人でも、物事を完璧にこなして他者に認めてもらうという方法で、安心できる対人環境をつくろうとします。完璧主義的な傾向の強い人は、この方法をより重視するようになると予想されます。

たとえば家庭では、母親や父親の話に耳をそばだて、自分に課された課題（風呂場の掃除など）は完璧にこなそうとするでしょうし、学校では、教師から課された課題に対して完璧に答えようとしたり、友だちとの関係で自分の役割を完璧に果たそうとしたりするでしょう。

また、中学生くらいになると異性関係に目覚めますが、自分ができることを誇示して愛されようとするため、彼女や彼氏の前では何かにつけて完璧であることを示すようになります。これがほんとうの恋愛といえるのかと疑問に感じますが、この方法は大人になってもつづきます。交際相手のために何かをしてあげようという気持ちよりも、自分が交際相手に愛されつづけるために何事も完璧にしなければならないという気持ちのほうが強いのです。

また、就職し社会人になると、同僚や先輩・上司の人に愛され職場を居心地のよい場所にするため、与えられた仕事は完璧をめざしてがんばります。がんばることで職場が居心地のよい場所になるとともに、自分の能力も認められ、昇格が早ければ願ったり叶ったりです。ただ、いつも完璧にできていないと愛される存在ではなくなるという気持ちが強いため、躍起になってがんばり、疲労感も高くなるでしょう。認められることも多ければ、疲れて仕事に嫌気がさすことも多くなります。

●有能さを認めてもらうために完璧を求める

前項では、他者から愛され居心地のよい対人環境をつくり、その関係を維持するために完璧をめざして努力する姿を描きましたが、そうした居心地のよい対人環境の形成・維持は二の次で、自分が有能であることを認めてもらうために、完璧を求めて学校の課題をこなしたり、職場の仕事に臨んだりする場合も多いようです。勉強ができること、あるいは仕事ができることによって認めてもらおうとするわけです。

このような場合、学校のグループ学習では、自分に与えられた課題を完璧にこなすだけでなく、グループのすべてのメンバーにそれぞれの課題を完璧にこなすように要求します。それは、グループとしての課題が達成されたか否かはグループのすべての人の課題の達成度にかかわっているからです。とくに完璧主義傾向の強い子どもは、責任感も強いためグループのリーダーになることが多いといえます。こうした子どもがリーダーになった場合にはいっそうこの傾向が強まり、リーダーは他者志向的完璧主義者の役割を果たすことになります。そして、他者であるグループのメンバーに完璧を強く求めるのです。

さらに、グループのメンバーのなかには、リーダーから完璧を求められることがたび重なるうちに、自分は完璧主義であることを求められていると強く感じるようになり（社会規定的完璧主義の形成）、とくに誠実で繊細な子どもはしだいに自分に完璧を求める自己志向的完璧主義者になることもあります（図2－2参照）。

また、職場の仕事でも、ほぼ同様のことが起こります。自分に与えられた仕事は完璧をめざしてがんばるのは当然ですが、上司や先輩の場合には、自分の部下や後輩にも完璧を求めます。それは自分が上司や先輩として完璧であること、すなわち有能であることを示すためにとても重要だからです。

前項の場合は自分が愛されて居心地のよい居場所をつくることが第一の目的でしたが、本項での第一の目的は自分が有能であることを認めてもらうことです。したがって、認めてもらうことによって、居心地のよい教室環境や職場環境ができることをとくにめざしているわけではありません。こうした心理の違いを十分に理解しておくことは、完璧主義をなおすときに重要になります。なぜならば、表面的には完璧主義がなおったようにみえても、根本的な問題（たとえば、無条件に愛されてはいないこと）が解決されていない場合もあるからです。愛情を求めての承認か、有能さを求めての承認か、しっかりと理解しておきたいものです。

●現代的なプレッシャーが完璧主義を強める

現代社会はプレッシャーが強く多い時代といわれます。このプレッシャーが、完璧主義を助長する大きな要因になると考えられます。プレッシャーが完璧主義を高める場合を三つ紹介します（図2－2も参照）。

まず、子どもの場合です。現代の子どもたちは、よりよい（おもに偏差値のより高い）中学校、高等学校、大学に進学するため、幼いころから他者と競争しよい成績を取ることを求められています。すべてのお子さんというわけではありませんが、そうした志向性の高い家庭のお子さんが多いように見受けられます。私のまわりにも、まず小中一貫校に入学させ、そして小学校段階が終わると同時に（まだその一貫校にいられるのに、あえて）中高一貫校に入学させて、できるだけ有利な教育環境でよりよい大学に進学できるように、うまく段取りをしている親御さんもいます。

大学進学では、ことさら有名大学等を望まなければ、進学希望者はほぼすべて大学に進学できる状況にあります。しかし、それでも多くの大学の中でよりよい大学に進学させるために、親や教師は子どもによい成績が取れるようにプレッシャーをかけつづけるのです。その結果、親や教師は子どもに完璧を求める他者志向的完璧主義者となり、子どももその状態を敏感に察知し（社会規定的完璧主義を受け入れ）、自らも自分に完璧を求める自己志向的完璧主義者になっていきます。

大人になり、職場ではどうでしょうか。わが国では労働力人口が急激に減少し、大量の仕事を少数の労働者でこなさなければならない状況になりつつあります。そのため、働く人には多くの仕事を間違いなくしなければならない、というプレッシャーが強くのしかかっています。そのうえ、個人の業績評価を重視する企業にあっては、上司は上質の仕事をすることを求められるとともに、自分の部下にも上質の仕事を強く求めます。部下の仕事の結果が自分の仕事の評価に大きく影響するからです。とくに完璧主義の上司は――完璧主義の人のほうが上司（管理職）になりやすいと思いますが――、自分の業績をあげるために、少ない部下に対して、多くの仕事を完璧にこなし、あわよくば指示したよりもいっそう高い水準で達成することまで望むのです。子どもと同様、大人の職場でも完璧主義者が増えているように思われます。

また、子育てによる影響については本章の冒頭や本項でも紹介しましたが、ここにも現代的なプレッシャーが強く働いています。

たとえば、女性のなかにも一生涯働きつづけたいという人は増えています。こうした女性が仕事をつづける場合、①結婚をして子どもを産み、子育てをすることはかなりの苦労がともなうこと、さらに②夫婦共働きの給料でも子どもを産み育てることは経済的にむずかしい状況にある場合があること、などの理由から、子どもを産まなくなったり（正確には子どもが産めなくなったり）、子どもの数を極端に制限したりするようなことが起こっています。ただ、こうした状況でも、どうしても子どもがほしいという女性や夫婦はみられます。ただし、そうした場合には、経済的な理由や実家の意向（跡取りがほしいなど）から、一人程度の子どもしか育てられないけれども、その子は〝立派に育てたい〟あるいは〝立派に育てなければならない（育ててほしいという周囲からのプレッシャーが強い）〟という思いが強いようです。こうした思いが強まると完璧主義の子育てにつながります。

完璧主義はこんなパーソナリティと関連している

近年のパーソナリティ研究によると、パーソナリティは五つの特性（観点）で測定できることがわかってきました。

表２－１（細越 2015）をご覧ください。五つの特性とは、①開放性・知性（O：Openness to Experience）、②誠実性・勤勉性（C：Conscientiousness）、③外向性（E：Extraversion）、④調和性・協調性（A：Agreeableness）、⑤情緒不安定性・神経症傾向（N：Neuroticism）であり、各特性名の頭文字を並べて「OCEAN（オーシャン）」と読むと覚えやすいと思います。この五つの特性は「ビック・ファイブ（Big Five）」と呼ばれ、すでに一般の人にも知られるようになってきました。

表 2-1　パーソナリティにおける五つの特性
（細越，2015, p.224 より転載）

1．**開放性・知性**（O：Openness to Experience）
この得点の高さは，新しい知識や経験を求める傾向が強く，多彩なアイディアに富むことを示す。

2．**誠実性・勤勉性**（C：Conscientiousness）
この得点が高ければ，物事に対して真面目に，徹底的にかかわり，中途半端にはしないことを意味する。

3．**外向性**（E：Extraversion）
この得点の高さは，外の刺激に目を向けやすく社交的であることを示す。逆に得点が低い場合には，外の世界よりも自分自身の内側の世界に目が向きやすい傾向にあることを示す。

4．**調和性・協調性**（A：Agreeableness）
この得点が高い場合，まわりの他者に合わせてうまく人間関係を築くことができ，チームで活動することが得意であることを示す。

5．**情緒不安定性・神経症傾向**（N：Neuroticism）
この得点が高いほど気持ちの波が激しく，さまざまなことに気を奪われやすいことを意味する。反対に得点が低いほど，気持ちが安定していることを示す。

さて、完璧主義とパーソナリティ特性との関係はどうなっているのでしょうか。もっともよく指摘されるのは「誠実性・勤勉性」との関係です。完璧主義の人は、物事に対してとても真面目で辛抱強くかかわり、そして中途半端なことを極端に嫌いますので、この特性とよく関係しています。さらに、完璧主義の人は責任感が強いこともわかっていますが、この責任感も誠実性・勤勉性という特性と親和性が高いといえるでしょう。したがって、誠実性・勤勉性という特性の高い人は完璧主義になりやすいパーソナリティの持ち主といえます。

また、表2－1の五つめに挙がっ

ている「情緒不安定性・神経症傾向」との関連も強い場合があります。これまでの研究（たとえば、Flett & Hewitt, 2002）で、神経症傾向は完璧主義の不適応的な側面と関連が強いことがわかっており、神経症傾向の高い人が完璧主義になると強迫性障害等の疾患におちいる可能性も高いようです。

そのほか、これまでのパーソナリティとの関係に関する研究では、完璧主義の人は、評価懸念（他者から低い評価をされるのではないかという懸念）が高いことが指摘されています。それは、完璧主義の人は自分のある面に自信をもっていますので、それがどのように評価されるのかをいつも心配しているからです。そして、評価懸念が高い場合には、不安障害や対人恐怖症などのネガティブな症状も呈しやすいといわれます。また、自己愛との関連も取り上げられています。自己愛が強い人は自分をほめることが好きで、自分をほめるために完璧をめざし、そして物事が完璧にできるとそれをほめて自分に酔ってしまいます。

なお近年、心理学の世界で研究がさかんになりつつあるのが「悲観主義－楽観主義」という特性です。これも完璧主義と関連します。完璧主義における失敗恐怖という側面（表１－１参照）は悲観主義ととくに強く関連しますので、楽観主義よりも悲観主義のほうが強ければ、失敗を過度に気にするような完璧主義になりやすいと考えられます。

さらに最近、悲観主義の人のなかに、適応的な〝防衛的〟悲観主義の人が見出されるようになりました（外山　2011）。防衛的悲観主義の人は、高すぎる目標ではなく理にかなった高い目標をもち、その達成に向けてよく努力をします。そのため成功することが多いのですが、どんなに成功してもつぎは失敗するのではないかと心配し（あるいは万が一の失敗を恐れて）、努力をつづけて成功をつづける人です。失敗を恐れるところは自己志向的完璧主義の人に似ていますが、理にかなった高い目標をもつ点で異なっています。理にかなった高い目標をもつがゆえに、努力をすれば成功するのですが、どんなに成功しても〝つぎは失敗するかもしれない〟と予想するのですから、まさに石橋をたたいて渡るような自己防衛的な人であり、もし自覚的に行っているとすれば、かなり方略に長けた人でもあると考えられます。こうした防衛的悲観主義の人は日本人に多いといわれます。欧米人から見ると、〝暗い努力家〟と映っているかもしれません。

以上は自己志向的完璧主義ならびに社会規定的完璧主義との関連の説明でしたが、他者志向的完璧主義の人は、外向的で、場合によっては権威主義的で支配的な傾向が強いようです。

完璧主義も遺伝する

身長・体重といった身体的なものから、知能、パーソナリティ、学習意欲など心理的なものにいたるまで、〝遺伝と環境〟の影響を分析する技術が進歩し、その程度を数値として表せるようになりました。こうした分野は「行動遺伝学」と呼ばれ、近年大きな進歩を遂げています。表2－2（安藤　2000）をご覧ください。これはその成果の一部です。行動遺伝学の研究で用いられ

表2-2　身体的・心理的形質の遺伝率と，共有環境と非共有環境の影響（安藤，2000, p.89 より転載）

	遺伝率	共有環境	非共有環境
指紋隆線数	0.92	0.03	0.05
身長	0.66	0.24	0.10
体重	0.74	0.06	0.20
知能	0.52	0.34	0.14
宗教性	0.10	0.62	0.28
学業成績	0.38	0.31	0.31
創造性	0.22	0.39	0.39
外向性	0.49	0.02	0.49
職業興味	0.48	0.01	0.51
神経質	0.41	0.07	0.52

る方法と、表2－2について簡単に説明します。

行動遺伝学では〝双生児研究法〟という方法を用います。パーソナリティを例にすると（市原 2010 櫻井 2017）、多数の一卵性双生児のペアと多数の二卵性双生児のペアに対してパーソナリティ検査を実施し、一卵性双生児と二卵性双生児の平均的なパーソナリティの類似度を比較することによって、パーソナリティ形成における遺伝と環境の影響を切り離してとらえることができます。

一卵性双生児は互いに完全に一致した遺伝子をもつのに対して、二卵性双生児は遺伝的には普通のきょうだいと同じであり、平均すると一卵性双生児の半分程度しか遺伝子を共有していません。このことから、一卵性双生児ペアの類似度、二卵性双生児ペアの類似度に対する遺伝的影響、共有環境（家庭環境や親戚とのつきあいなどで二人が共有している環境）の影響、さらには非共有環境（学校、遊び仲間、恋人など、それぞれの者が独自にかかわっている環境）の影響を分析できます。構造方程式モデリングという統計手法が開発されて、このような分析が可能になりました。

その成果の一部（安藤　2000）は、表2－2に示されている通りです。この表によると、指紋隆線数（ある一定区間に指紋の線が何本あるか）はほぼ完全に遺伝の影響を受けていること（遺伝率が九二％）、それに対して身長は遺伝率が六六％であり、環境の影響もそれなりにあることがわかります。さらに、よく話題になる知能の遺伝率は五二％と予想よりかなり高い値を示していると思いますが、いかがでしょうか。学業成績になると、遺伝率が三八％、共有ならびに非共有環境の影響がそれぞれ三一％と、環境の影響が大きいことがわかります。外向性というパーソナリティ特性は遺伝率が四九％、非共有環境の影響も四九％であり、神経質（神経症傾向とほぼ同じ）も外向性とほぼ同様の値を示しています。パーソナリティ特性については遺伝と環境の影響が五分五分といったところでしょうか。

完璧主義についてこうしたデータをみつけることはできませんでした。ただ、完璧主義はパーソナリティ特性あるいは認知傾向ですので、外向性や神経質と同程度の値を推定してもよいのではないでしょうか。そう考えると、完璧主義には四〇％前後の遺伝率が推定できます。

なお、行動遺伝学におけるこの種の情報は、ある人の外向性というパーソナリティ特性は親から四九％遺伝すると読むのではなく、ある集団における外向性というパーソナリティ特性のばらつきが遺伝によって四九％説明できる、と読むそうです。詳しいことは他の書物（たとえば、安藤　2012, 2018）をご覧ください。

ということで、家族や身内に完璧主義者が多いと思われる人は、遺伝の影響が四〇％程度あるということで、それなりに理解できると思われます。第五章で述べますが、完璧主義を完璧志向に変えることができれば問題はありません。むしろ好ましいパーソナリティであるといえます。じつは、私も完璧主義傾向が強かったのですが、完璧志向への移行を心がけてからは、完璧を求めることは結構素敵なことだ、と思えるようになりました。繰り返しになりますが、不適応におちいりやすい過度の完璧主義ではなく、現実主義的で適応的な〝完璧志向〟に移行できれば、質の高い業績をあげ、精神的にも健康で過ごせるのです。こうした遺伝情報はネガティブに受け取るのではなく、できるだけポジティブに受け取り、利用できるものは利用すればよいと思います。そうすることで、自然に幸せを呼び込むことができます。

優れた才能がある人は完璧主義になりやすい

天才は、その才能を十分に発揮するために、よりよい環境を選んだり、有力な他者がそうした環境を与えざるを得ないようにアピールして獲得したりして、自分の才能が決して埋もれないように行動するものだ、と恩師のひとりから聞いたことがあります。その先生は優秀児（gifted child）の研究にも貢献されており、そうした研究結果からこうした見解にいたったと思われます。もちろん、例外もあるとは思いますが。

その後、天才の伝記や評伝を読み、じっくり考えてみました。その結果、このことはほぼ真実であると思うようになりました。天才がもつ優れた才能は、その全面的な開花をめざしてよりよい環境を欲するのではないでしょうか。そして、自らよい環境を勝ち取ったり、他者から与えられたりして、その才能を見事に開花させるのだと考えます。

だからといって、天才は努力をしないわけではありません。人一倍努力をします。第1章の冒頭で紹介した彫刻家のミケランジェロしかり、同時代の〝万能の天才〟と称された画家のダ・ヴィンチしかり。二人ともものすごく努力をしていたようですが、本人たちはそれを努力とは感じていなかったのかもしれません。それは、大好きな彫刻や絵画に没頭できたからではないでしょうか。しかし同時代の普通の人から見れば、完璧を強く求め、ものすごく努力をしていたように見えたでしょう。伝記や評伝などから判断すると、この二人は適応的な完璧主義者であったようです。天賦の才能を発揮するために、限界の限界まで挑戦し、神の御業のような作品を生み出しました。ただ、ミケランジェロは孤高の人で、周囲の人にはどう思われようと関係ないと考えるような人でしたし、ダ・ヴィンチは飽きっぽい人（そして、いろいろなことに興味をもった人）だったようで、それゆえに自分を不適応の世界に追い込むようなことはなかったと思われます。

また、私個人としては、もっとも完璧主義が発揮されるのは数学的な才能をもった人ではないかと思います。「まえがき」でも紹介しましたが、ロシアの数学者グリゴリー・ペレルマンはその最たる人ではないでしょうか。早熟の天才であり、数学オリンピックで優勝して一躍有名になり、たしか四十歳になるまえに数学の超難問といわれた「ポアンカレ予想」の証明に成功しました。ただ、マスコミ等の対応に嫌気がさし、現在は母親と二人でひっそりと暮らしているということです。

さらに、現代の日本の天才といえば、真っ先に、野球界のイチローとフィギュアスケートの羽生結弦さんが思い浮かびます。彼らも適応的な完璧主義者です。私はもちろん会ったことがありませんので、伝え聞くことに依拠しての話ですが、二人は共通して、自分の才能が十分に開花できる環境を求めて海外へ飛び出しました。イチローはアメリカにわたって大リーグでこれまで日本人がなしえなかった記録を樹立しつづけました。二〇一九年三月に現役引退を宣言しましたが、引き際も見事といわざるを得ません。羽生さんは、カナダを拠点に練習を積み重ね、冬季オリンピックをはじめとする国際大会で大活躍しています。彼らの日々のトレーニングはものすごく、野球やスケートが好きとはいえ、才能がなければこのような努力はできるものではありません。

以上、ほんの一部の例を挙げましたが、ほんとうに才能のある人はよりよい環境を求め、そして天賦の才能が完璧に開花するように、努力を重ねているように思いました。なお、こうした天才は不適応的な完璧主義者というよりは、適応的な完璧志向者であると思います。

まとめ

本章では、完璧主義の形成・維持・強化と関係するような要因を六つ取り上げて、どのような人が完璧主義になりやすいのか、反対に見れば、どのような人が完璧主義になりにくいのかについて論じました。図２－１では乳幼児期を中心に、図２－２では児童期以降を中心に、完璧主義が形成される（あるいは助長・強化される）プロセスをまとめました。これらの図を参照しながら、つぎのまとめをご確認ください。

一つめは、子育ての要因です（図２－１参照）。子育てによって、子どもに〝不安定なアタッチメント（ここで問題になるのは、主たる養育者に愛されていないという思い）〟が形成されると、主たる養育者（多くは母親）に愛されたいという強い思いから、母親の与える課題を完璧にこなし承認されること（≒愛されること）を求めるようになり、完璧主義の素地が形成されます。また、子どもに完璧を求めるような子育て（養育行動）によって、同じように子どもに完璧主義の素地が形成されます。

二つめは、発達的な要因で、これはおもに完璧主義を強める要因となります。成長とともにすべきことが増え、量だけでなくその質に関しても完璧が求められます。完璧主義傾向がある子どもや大人は、この要因によってその傾向が強められます。ただ、加齢とともに五十歳くらいになると能力の衰えを感じ、さらに退職するころには達観するとともに完璧主義は弱まります。

三つめは、社会的な要因で、これも完璧主義を形成したり、強めたりします（おもに図２－２

参照）。完璧主義傾向の強い人は、課題や仕事を完璧にこなすことによって他者に認められ、そして他者に認められることによって良好な対人関係を築いたり維持したりします（図2－1の右下参照）。また、完璧主義傾向の強い人は有能であると他者に認められることを求めますので、課題でも仕事でも完璧な達成をめざしてがんばります。さらに、現代はプレッシャーが強く多い時代です。子どもはよい学校に進学することを、社会で働く大人は少人数で多くの仕事をミスなくこなすことを、子育てをする夫婦（パートナーたち）は少ない子ども（多くは一人）を完璧に育てることを、求められています。その結果、いずれの場合にも完璧主義傾向を強めることになりやすいのです。

四つめは、完璧主義と関係するパーソナリティ特性について考えました（表2－1参照）。誠実で勤勉な人や情緒不安定で神経症傾向のある人、他者から自分に向けられる評価を気にする〝評価懸念〟の強い人、さらには最近話題になっている悲観的な考え方をする（悲観主義の）人、は完璧主義傾向が強くなります。

五つめは、完璧主義には遺伝の影響もあるということです（表2－2参照）。行動遺伝学によると、完璧主義も四〇％程度は遺伝によって規定されることが推定できます。したがって、家族や身内に完璧主義者が多いと思われる人は、そのことを知って完璧主義に対応するとよいでしょう。すなわち、完璧主義から完璧志向への移行を試みることが大事です。

最後の六つめは、優れた才能の持ち主はその才能を十分に開花させるため、適応的な完璧主義者（完璧志向者）になることが多いということです。彫刻家で〝神に愛された人〟といわれるミケランジェロや、画家で〝万能の天才〟といわれたダ・ヴィンチ、数学の天才であるペレルマン、わが国では野球界のイチローやフィギュアスケートの羽生結弦さんはその典型だと考えられます。

第3章 完璧主義と心とからだの健康

完璧主義の心身への影響

完璧主義は私たちの心身にどのような影響をもたらすのでしょうか。第1章で「完璧志向」という適応的な完璧の求め方を提案した際に、自己志向的完璧主義についても完璧志向との対比でおおまかな影響を紹介しました（表1－1参照）。

自己志向的完璧主義の人は、短期的にみれば、ものすごく努力し、高いパフォーマンスを達成します。それゆえ他者からの評価も高く、自身も高い達成感を感じ、ほぼ適応的に過ごすことができます。

ただし長期的にみると、そうはいかないようです。どんなにミスをしないように気を配ってもミスは生じます。自己志向的完璧主義の人にとってはミスをすれば即失敗ですから、高い目標を達成しつづけることはできません。その間、ものすごく努力しますので、疲労困憊しさらに物事を完璧にこなせない自分を批判し、無能感や無力感にさいなまれることになるでしょう。そして、なかにはうつ病や不安障害、摂食障害などの精神疾患になる人もいます。結局、不適応な状態におちいる可能性が高いのです。

また、社会規定的完璧主義は、他者から自分に完璧が求められていると認知することですが、パーソナリティの面では誠実で神経症的な人ほど社会規定的完璧主義になりやすいと考えられます。そして、そのようなパーソナリティの人は、他者から自分に完璧が求められていると思うと、それを素直に受け入れてしまい、自分は完璧であらねばならないと考えるようにもなります。すなわち、社会規定的完璧主義の人は、自己に完璧を求める自己志向的完璧主義におちいりやすいといえるでしょう（図２－２参照）。まわりの人の影響もありますが、簡単にいえば、誠実で神経症的な人は、社会規定的完璧主義にも、そして自己志向的完璧主義にもなりやすく、その結果不適応な状態にもおちいりやすいのです。

一方、他者志向的完璧主義の人は外向的なパーソナリティの持ち主が多く、他者のことを思いやって他者、すなわち教え子や自分の子どもなどに完璧を求める人と、自分の必要に応じて他者、たとえば部下や後輩などに完璧を求める人がいます。

前者の例では、教師が子どもに対してよい成績（一〇〇点満点）が取れるようにと期待し、厳しい指導をするような場合が考えられます。子どもが幼いころはテスト問題が比較的簡単ですので、こうした対応でもうまくいくことが多いでしょう。教師はそのことで有能感を感じることができます。しかし、子どもが成長し小学校高学年くらいになるとテスト問題がかなりむずかしくなり、厳しく指導された子どもはがんばっても一〇〇点が取れずに、教師の期待に応えられなかったと意気消沈したり、教師は教師で、指導がよくなかったと無能感におちいったりして、こうした対応はうまくいかないことも多くなります。教師は完璧主義よりも完璧志向で子どもに期待することが適切であると思います。

また後者の例としては、職場の上司として部下に完璧な出来栄えの仕事を求め、それがうまくいき上司として自分の業績があがったような場合には、本来は自分の成果ではないのですが、自分の成果であったように達成感を味わい満足するでしょう。一方、部下がそうした仕事でミスを犯し上司としての自分のプロジェクトが失敗に終わったような場合は、上層部から否定的な評価を受けて多少は敗北感にさいなまれるでしょうが、本来自分の失敗ではなく部下の失敗であることを自分に言い聞かせたり公言したりして、敗北感を減じるような対応を取ることも多いように見受けられます。

総じてみると、他者志向的完璧主義の人は、他者である子どもや部下に対して、その人がもっている能力やできる努力の程度に従って、ほぼ達成可能な課題や仕事を課すことができれば、課題や仕事はうまく達成され、自分も他者もほぼ適応的な状態でいられます。一方、自分本位で、高い目標を達成するために、他者である子どもや部下に対して達成不可能なほど困難な課題や仕事を課すような場合は、本人も子どもあるいは部下も適応的であるとはいえない状態になるでしょう。研究してきた実感としては、教師や親が子どもを育てる場合は前者のことが多く、職場では前者と後者の割合が半々くらいでしょうか。結局、他者志向的完璧主義の人は、適応的な人も不適応的な人もいると思います。平均するとポジティブな影響とネガティブな影響がフィフティ・フィフティで、他者志向的完璧主義による顕著な影響はほぼないものと予想できます。

以上、完璧主義が心身に及ぼすおおまかな影響（予想）について説明しましたが、次節以降ではその影響を、ポジティブな影響とネガティブな影響に分け、私が協同研究者と行ってきた研究成果を含め、実証的なデータに基づいて詳しく説明します。

完璧主義のポジティブな影響

●自己志向的完璧主義の場合

典型的な自己志向的完璧主義の人が、自分のまわりのすべてのことに対して、達成がむずかしいほどの高い目標を設定し、その目標を達成するためにおおいに努力し、ミスを犯さないように過度に気を遣っているような場合には、目標が達成されることはほぼありません。したがって、心身へのポジティブな影響はまず期待できません。ただ、限定されたことに対して、達成が可能な範囲で高い目標を掲げている人は、十分な努力をすれば目標の達成は可能となりますので、目標が達成されることが多ければ、達成感や有能感を感じることができ、心身ともに健康であることができます。ただ、こうした人は第１章で提案した「完璧志向」に近い方法で完璧を求めている人といえるでしょう。

完璧志向の人は、理想が高くても理にかなった目標を設定し、その達成に向けて努力を持続し、最後まで手を抜かない（ミスを犯さないようにする）ため、周囲の人からの信頼感が高くなります。それゆえ、友だちや教師、バイト先の店主や職場の上司から、安心して物事をまかせられる存在と認知されます。ただ、まかせられる課題や仕事が多すぎると、完璧が達成しにくくなるため、人によっては不適応にもおちいります。また、こうした人は、目標が達成されれば、達成された課題や仕事の質も量も高いので、適応的に過ごすことができます。

ここで、私どもの研究結果を紹介します。私は、大学に勤めて二人めの弟子である大谷佳子さんと一緒に、ヒューイットとフレット（Hewitt & Flett, 1991）が開発した、①自己志向的完璧主義、②他者志向的完璧主義、そして③社会規定的完璧主義の三種類の完璧主義を測定する尺度の日本語版を作成し、抑うつ傾向や絶望感（将来に希望がもてないという認知や感情）といったおもに心理的な不適応との関係を検討しました（大谷・桜井　1995）。対象は大学生一六〇名程度でしたが、とても興味深い結果が得られました。

ひとつは、ここで議論している自己志向的完璧主義についてです。自己志向的完璧主義の得点が高いほど絶望感は多少低かったのです。すなわち、この尺度で測定した自己志向的完璧主義は心理的な適応を損ねるような要因ではない、ということが示されました。もう一つは、つぎの節で論じる社会規定的完璧主義についてですが、この得点が高いほど抑うつ傾向も絶望感も高かったのです。社会規定的完璧主義は（予想通り）心理的な適応を損ねる可能性が高いことがわかりました。

前者の結果は前述の予想を支持するものです。自己志向的完璧主義を測定する項目のなかに、〝高すぎる目標〟ではなく「高い目標」を設定することに関連した項目（たとえば、私は自分に高い目標を課している）が入っていたために、「完璧志向」に近い完璧主義が測定され、このような結果になったものと考えられます。ただし、抑うつ傾向との間には同じような結果が得られませんでしたので、はじめはこのようなことははっきりいえないものと考えていました。しかし、つぎに紹介する研究（桜井・大谷 1997）によって、その正当性が確認されました。

その研究とは、同じく大谷さんと協同で行ったもので、大学生二二〇名ほどを対象に、フロストら（Frost et al., 1990）の研究を参考にして、自己志向的完璧主義を〝多次元的〟に（すなわち、複数の観点からとらえて）測定する尺度を開発し、抑うつ傾向や絶望感との関係を検討しました。自己志向的完璧主義は、以下の四つの観点から測定しました。

ひとつは、完璧でありたいという欲求（「完璧欲求」と略す）です。フロストら（Frost et al.,

1990）の尺度では、完璧主義のみなもとと考えられるこうした欲求を測定していませんでしたので、新たに加えました。具体的には、どんなことでも完璧にやり遂げることが私のモットーである（完全な完璧を求める項目）や、できるかぎり完璧であろうと努力する（可能な完璧を求める項目）、というような項目で構成されました。

二つめは、自分に高い目標を課する傾向（「高目標設定」と略す）です。フロストら（Frost et al., 1990）の尺度にあるもっとも基本的な観点で、そのまま踏襲しました。具体的には、高い目標をもつほうが自分のためになると思う、いつもまわりの人より高い目標をもとうと思う、というような項目で構成されました。

三つめはミス（失敗）を過度に気にする傾向（「失敗恐怖」と略す）です。これもフロストら（Frost et al., 1990）の尺度にある大事な観点であり、不適応に関連することが知られています。具体的には、少しでもミスがあれば完全に失敗したも同然である、人前で失敗することなどとんでもないことだ、というような項目で構成されました。

四つめは自分の行動の出来栄えに漠然とした疑いをもつ傾向（「行動疑念」と略す）です。三つめの失敗恐怖と同様に、不適応と関連する観点であるとされます。具体的には、注意深くやった仕事でも欠点があるような気がして心配になる、何かをやり残しているようで不安になることがある、などで構成されました。

なお、二つめの自分に高い目標を課する傾向（高目標設定）は、完璧主義の本来の考え方からすれば、〝高すぎる目標〟を課する傾向でなければならないのですが、当時の米国その他の国における尺度でも〝高い目標〟とされていましたので、それに準じて私どもも「高い目標」にしました。また、ひとつめの完璧でありたいという欲求（完璧欲求）は、私どものオリジナルな観点ですが、これも〝完全な〟完璧を求めている項目は多くありませんでした。二つめと同様に完璧主義というよりも完璧志向に近い欲求を測定していると考えられます。この二点にご留意ください。

分析の結果、高目標設定の得点が高くなると抑うつ傾向も絶望感も低くなり、高目標設定が不適応的な要因ではなく、どちらかといえば適応的な要因であることがわかりました。先の研究を確認する結果となりました。また、完璧欲求は抑うつ傾向や絶望感とは関係がありませんでした。少なくとも不適応と関連するような要因ではないことがわかりました。一方、失敗恐怖や行動疑念は、得点が高くなると抑うつ傾向および絶望感が高くなるという結果が得られました。この二つの観点が不適応要因ということになります。この点については次節でも説明します。

なお、福井（2009）によると、上記の高目標設定の結果について、アタッチメントスタイルを加えて分析することで新たなことがわかりました。大学生三四〇名程度を対象にした研究ですが、不安定なアタッチメントをもっている大学生の場合には、高目標設定が適応的ではない（すなわち、抑うつ傾向が低くなく、自尊感情が高くない）ことが判明したのです。理由はよくわかっていませんが、おそらく不安定なアタッチメントゆえに、高目標の達成に成功しても、それが何らかの理由で愛情欲求をうまく充足しないために、抑うつ傾向が低くならなかったり、自尊感情が高まらなかったりするのではないかと考えられます。さらなる詳しい検討が必要でしょう。

本題に戻りますが、桜井・大谷（1997）と同様の研究を、社会人（八〇名程度）を対象に行いました（大谷・桜井 1997）。結果は、桜井・大谷（1997）の大学生を対象にした結果とほぼ同じでした。

以上は大学生と社会人を対象とした研究でしたが、私の専門は発達心理学で子どもが対象ですので、子どもを対象とした研究を独自に行いました。それらの研究のなかから、ふたつを紹介します。

ひとつは、小学四〜六年生五三〇名程度を対象に、自己志向的完璧主義を〝多次元的〟に測定する尺度を開発し、学校ストレッサー（学校でのいやな出来事）を交えて、抑うつ傾向との関係を調べたもの（桜井 1997a, 1997b, 2005）です。自己志向的完璧主義尺度は、先の大学生の尺度（桜井・大谷 1997）と同じ四つの観点（次元）で項目作成をしましたが、分析の結果は、①完璧への願望（例　いったん決めたことは最後までやり遂げないと気がすまない、どんなことでも中途半端はいけない）、②結果へのこだわり（例　失敗するとそれが気になって仕方がない、自分がしたことがきちんとできているか、いつも心配だ）、そして、③高すぎる目標設定（例　他の人にはできないような目標を立てることが多い、自分の力でできること以上の目標を立ててしまう）という三つの観点にまとまりました。なお、③の高すぎる目標設定は、これまでの反省をふまえて、高い目標というよりも〝高すぎる目標〟の設定が中心になっている観点です。

分析の結果ですが、ここでは①の「完璧への願望」についてのみ述べます。その他のことはつぎの節で説明します。じつは、完璧への願望のみが、その得点が高くなると抑うつ傾向が低くなるという結果をもたらしました。完璧への願望は子どもの場合には、適応によい影響を与える可能性が示されたことになります。大学生の場合は、適応・不適応への影響はなかったのですが、子どもの場合にはよりポジティブな影響として不適応を抑制できることがわかりました。その理由ははっきりとはわかりませんが、子どもの尺度における「完璧への願望」では、最後までしっかりやり遂げる、中途半端はいけない、すべきことは全部片付ける、といったように、物事を〝量的に〟最後までやり遂げることが完璧の中心に位置づけられていますが、大学生の場合は、（完璧ということばが項目のなかにたびたび登場しますが）完璧という言葉に、量的とともに〝質的〟な完璧が含まれているからであると思われます。質的な完璧の達成にたいへんな努力・苦労をともなうことを考慮すると、抑うつ傾向を抑制するほどではないが、助長することはなかった、それゆえ適応とは関係がないという結果であったと、理解できます。

さらに子どもを対象（小学五、六年生三六〇名程度）に、三か月の間をおいて、自己志向的完璧主義、抑うつ傾向、絶望感そしてストレス反応（いやな出来事によって生じる不適応状態）を二回測定し、自己志向的完璧主義が不適応に及ぼす影響を、因果関係的に検討しました（桜井

1997a, 1997b, 2004)。その結果、完璧への願望には、ストレス反応を抑制する傾向が見出されました（その他の要因についてはつぎの節で詳しく説明します）。すなわち、自己志向的完璧主義のうちの「完璧への願望」は、ストレス反応のうちでも不安や無気力（意欲がないこと）のような不適応な状態にならないように働くようです。先の研究とほぼ同じ結果であり、研究としては一貫性が確認されました。ただ、抑うつ傾向や絶望感への影響がみられなかった点で、その一貫性は完全ではないと考えられます。

以上のように私どもの研究では、自己志向的完璧主義のうちでも、大学生や社会人では、高すぎる目標ではなく「高い目標」の設定が、小学生では最後までやり遂げるというようなおもに量的な意味での完璧を求める「完璧への願望」が、それぞれ適応を促進する方向で働くことがわかりました。

子どもの結果は新しい発見であり、発見時にはとてもワクワクしたことを覚えています。

●社会規定的完璧主義の場合

社会規定的完璧主義の人には、誠実で他者の評価を気にする神経症的なパーソナリティの持ち主が多いため、他者から課された課題や仕事は完璧にしなければならないと思いやすく、前述の通り、自己志向的完璧主義の人とほぼ同じような振る舞いをすることが予想されます。それゆえ「完璧志向」程度であれば、ほぼ適応的ですが、神経症傾向がかなり強い場合には、自分を自己志向的完璧主義に強く追い込んでしまう可能性があり、適応的な状態は長くはつづかないと考えられます。

先の自己志向的完璧主義の節で紹介した研究を振り返り、社会規定的完璧主義がもたらす影響についてまとめます。

大谷・桜井（1995）の大学生を対象とした研究では、社会規定的完璧主義の得点が高いほど抑うつ傾向も絶望感も高いことがわかりました。これは、社会規定的完璧主義が心の適応を損ねる可能性が高いことを示しており、自己志向的完璧主義とは異なり、ポジティブな影響はほとんどないものと考えられます。残念ですが、仕方がありません。

ただ、社会人を対象とした先の研究（大谷・桜井　1997）では、社会規定的完璧主義の得点が高くなると絶望感は多少低下することが認められており、ひょっとすると、社会人では完璧を求められていると認知すると、奮起して対応し絶望感にはとらわれない可能性もあるのではないかと考えられます。ただ、この傾向は抑うつ傾向では認められませんでしたので、確かなことは今後の研究に託したいと思います。

なお、ここで不適応指標として用いられる抑うつ傾向と絶望感の違いについて説明しておきます。抑うつ傾向は〝過去から現在〟までの不適応に関する認知（例　すべきことができなかった、勉強が手につかない）や感情（例　悩んでいた、やる気がしない）が中心ですが、絶望感は〝現在から未来〟に向けた不適応の認知（例　自分がほんとうにやりたいことはできないと思う）

や感情〈例　将来はもっと楽しいことがあると思う〈逆転項目〉〉が中心となっています。また、抑うつ傾向の測定には、からだがだるいとか、頭痛がするなどの身体症状が含まれることもあります。

●他者志向的完璧主義の場合

最後は他者志向的完璧主義についてです。他者志向的完璧主義の人は、外向的なパーソナリティの持ち主が多いようですが、前節での説明の通り、他者のことを思いやって完璧を期待する人と、他者を利用するために他者に完璧を強いる人と、おもに二通りのタイプの人がいます。それゆえ、他者のことを思い〈愛他的に〉他者に期待して完璧を求める場合は、他者志向的完璧主義の本人も、完璧を求められた子どもや部下も、目標がほぼ達成されるような課題や仕事では、適応的であると思われます。ただ、その際には、相手の能力や努力の程度、時間的な余裕など、仕事や課題の出来栄えに係る要因について一定の配慮をする必要があります。

大谷・桜井〈1995〉の大学生を対象とした研究では、他者志向的完璧主義の得点が高くなると絶望感はほんのわずかですが低くなり、他者志向的完璧主義の人が不適応ではない可能性が示唆されました。ただ、抑うつ傾向ではこうした関係は認められていませんので、他者志向的完璧主義の適応への影響は全体的にはほぼないというほうが適切でしょう。

完璧主義のネガティブな影響

自己志向的完璧主義が心身に与える影響は、ポジティブな影響よりもネガティブな影響のほうが大きいといわれます。ここでは、軽度の不適応と重度の不適応に分けて説明します。

●自己志向的完璧主義の場合

⑴軽度の不適応

自己志向的完璧主義の人は、失敗への恐怖があるため、課題や仕事に対して慎重になります。それゆえ、課題や仕事へのとりかかりが遅くなったり、場合によっては先に延ばしたりします。一時的に課題や仕事へのとりかかりが遅れるくらいは大丈夫ですが、つぎつぎと課題や仕事が課されるような場合には遅れが重なって問題になるかもしれません。学校のグループ学習での課題や職場の同僚と一緒の仕事では、自分の課題や仕事の達成が遅れることによって、同じグループや部署の人に迷惑をかけることになり、それで悩むことも起こります。さらに、課題や仕事を先延ばしすることは、課題や仕事が山積みになってしまう事態を招く恐れがあり、周囲の人にも迷惑をかけて、自己嫌悪になったり無気力になったりもします。

また、自己志向的完璧主義の人は、他者の評価を気にするため、すなわち自分の能力を高く見積もってもらいたいと思うがゆえに、他者に頼ることが苦手です。もちろん、課された課題や仕事は自分を信頼して課しているのだと思うため、責任をもってしなければならない、迷惑をかけてはならないという気持ちも強くあります。それゆえ、課された課題や仕事は最後まで自分一人でがんばろうとします。グループの課題や同僚と協同の仕事ではいっそうがんばりますので、疲れがたまりやすく、結果的にうまくできずに周囲の人に迷惑をかけることも起こりがちです。失敗が度重なると、自分は能力がないだめな人間だ、と思い込み、自己有能感や自尊感情も低下してしまいます。

さらに、過去の失敗が心の傷となったり、他者にかけた迷惑が頭から離れなかったりして、にっちもさっちもいかないような状況になると、保身作用が働き、新しいことにはチャレンジしなくなります。日々同じような仕事をしている職種の人はまだよいのですが、研究者や芸術家など、新しいことにつぎつぎと挑戦しなければ仕事にならない、仕事が進まないというような職種では致命的です。また、完璧主義の人は新しいことにチャレンジできないだけでなく、小さなミスにも細心の注意を払いますが、往々にして大事な用件を忘れてしまい、大失敗をすることもあります。

いずれにしても、完璧主義によって大きなストレッサー（いやな出来事）を被ることは必定であり、そのストレッサーが完璧主義のネガティブな影響をより強めるように働くこともあります。詳しいことは「⑵重度の不適応（90頁）」のところで説明します。
なお、近年、心理学の研究のなかで「過剰適応」という現象が注目されています。私はこの分野の専門家ではありませんが、職場における過剰適応の研究（水澤 2014）によると、過剰適応を構成する要素として、①他者からの評価懸念（例　人からどう思われているか心配だ）、②高い承認欲求（例　人より高い評価を得ないと気がすまない）、③援助要請ができない（例　暇そうな人がいても遠慮して手伝ってほしいとはいえない）、④強迫性格（例　中途半端な仕上がりではがまんできない）、の四つが確認できました。この四つは、（自己志向的）完璧主義の特徴ととてもよく似ています。

完璧主義の場合も、自分が優秀であることを他者に認めてもらいたいと思って努力し、他者に認めてもらうことによって〝居心地のよい場所（教室や職場）〟を確保します。不安定なアタッチメントのために、他者からの評価懸念は強く、優秀であることを証明するためには簡単に援助要請もしません。完璧を求めるために、もちろん中途半端なことはがまんできません。こうした点は過剰適応とほぼ共通しています。また、過剰適応の人は子どもでも大人でも不適応におちいりやすいこともわかっています。〝完璧〟ということばが〝過剰〟ということばに置き換わったにすぎないように思えるほどです。ただ、完璧主義の場合には、他者志向的なものや、社会規定的なものもありますので、より多様といえるかもしれません。研究上も過剰適応が強いと完璧主義も強いという結果が出ていますので、この領域の研究も注視していく必要があります。

それではつぎに、私どもの研究結果を紹介します。おもな不適応症状として、抑うつ傾向、絶望感、ストレス反応などの軽度のものを取り上げています。ほとんどの研究は前節のポジティブな影響のところで紹介していますので、ここではネガティブな影響だけをピックアップして紹介します。

桜井・大谷（1997）の大学生を対象にした研究では、自己志向的完璧主義を四つの観点からとらえる尺度を作成し、抑うつ傾向および絶望感との関係を検討しました。完璧主義のネガティブな影響は、失敗恐怖と行動疑念の二つの観点でみられました。ミスを過度に気にしたり、自分の行動の出来栄えに漠然とした疑いをもったりすることが多い人は、抑うつ傾向や絶望感におちいりやすいことがわかりました。また、社会人を対象とした研究（大谷・桜井　1997）でも同じ結果が得られました。

ただ、こうした研究では因果関係を厳密には検討していません。そこで桜井・大谷（1995）は、大学生七〇名程度を対象に、三か月の間をおいて二回、自己志向的完璧主義と抑うつ傾向および絶望感を測定し分析しました。その結果、失敗恐怖が強い人は三か月後の抑うつ傾向と絶望感が高いことが証明されました。これで、自己志向的完璧主義を構成する失敗恐怖が、不適応を促進する要因になることが実証されたわけです。

さらに、子どもを対象とした研究でも興味深い結果が明らかになりました。桜井（1997a, 1997b, 2005）では、小学生を対象に自己志向的完璧主義を〝多次元的〟に測定できる尺度を構成し、学校ストレッサー（学校でのいやな出来事）を交えて、抑うつ傾向との関係を調べました。その結果、「結果へのこだわり」という観点では、学校ストレッサーの高低にかかわらず、その得点が高いと抑うつ傾向も高いことがわかりました。すなわち、失敗するとそれが気になって仕方がないとか、自分がしたことがきちんとできているかいつも心配だと考えてしまう子どもは、抑うつ傾向が高いということです。

　つぎに、「高すぎる目標設定」という観点では、学校ストレッサーが高い子どもをこの観点で高・低二群に分けて検討してみると、高すぎる目標設定の得点が高い子どもは低い子どもよりも抑うつ傾向が高いことがわかりました。一方、学校ストレッサーの低い子どもではこうした現象は見られませんでした（図３－１参照）。この結果は、ストレス研究のうえではとても興味深いもので、高すぎる目標設定という〝素因〟を強くもつ人は、強いストレッサーを経験すると精神的な病理（ここでは抑うつ傾向）を発症しやすいという「素因―ストレスモデル」に合致する

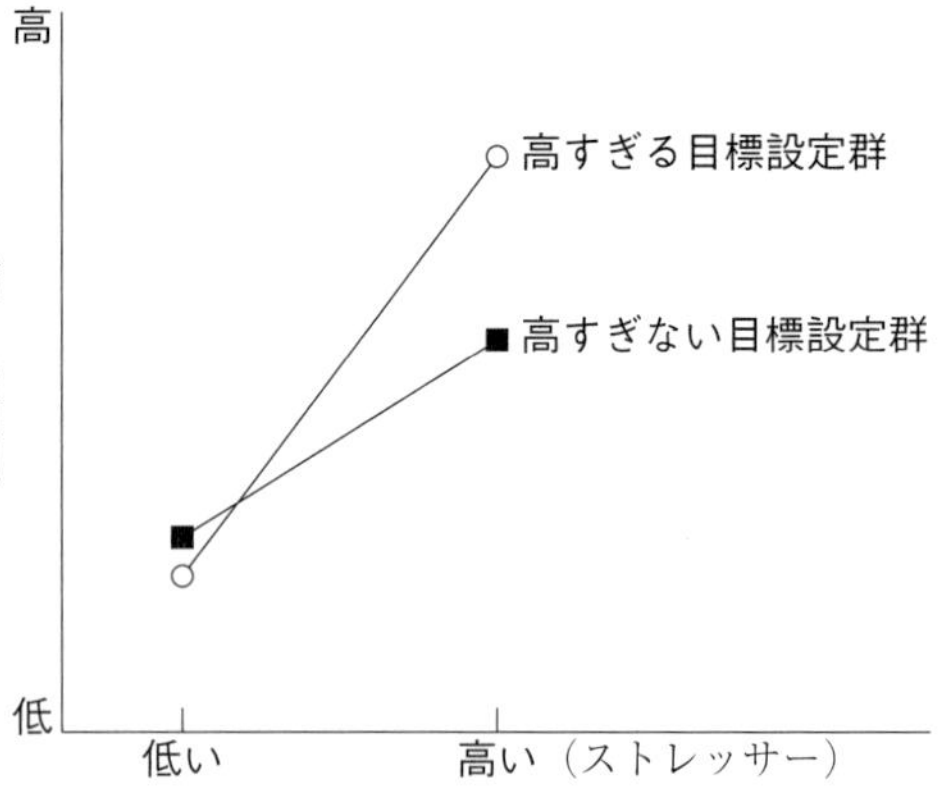

図 3-1　高すぎる目標とストレッサーと抑うつ傾向の関係

結果なのです。ほかの人には達成できないような目標を立てることが多い、自分の力でできること以上の目標を立ててしまう、といったまさに高すぎる目標を設定してしまう子どもは、ストレッサーが強い状況（たとえば、苦手な課題が増えたような状況）になると、抑うつ傾向が高くなるのです。ストレッサーの程度が、素因である「高すぎる目標設定」に作用し、抑うつ傾向の発生やその高低を決めることになります。完璧主義の研究でこのような効果が認められたのははじめてのことであり、子どもの場合は自己志向的完璧主義の構成要素が抑うつ傾向をもたらす〝素因〟になることが判明しました。なお、この研究で作成された三つの観点の相関関係はとても低く（r=.11～.18）、それぞれが独立した観点であることがわかっています。この点も大学生とは異なる結果でした。

さらに、子どもを対象に三か月の間をおいて、自己志向的完璧主義と不適応傾向（抑うつ傾向、絶望感、ストレス反応）を二回測定し、その因果関係を検討した研究（桜井　2004）では、「結果へのこだわり」という観点にすべての不適応を促進することが、「高すぎる目標設定」という観点に絶望感とストレス反応を促進することが、それぞれ認められました。

なお、その後の研究（高坂　2008）で、中学生、高校生、大学生六一〇名ほどを対象に自己志向的完璧主義と劣等感との関係を検討していますが、ミスを過度に気にする傾向が高い人は劣等感も高いことがわかりました。

以上の研究を通していえることは、大学生や社会人ではおもに「ミスを過度に気にする傾向

（失敗恐怖）」が、子どもでは同じ内容を含む「結果へのこだわり」と「高すぎる目標設定」が、抑うつ傾向や絶望感といった不適応を促進するリスク要因であることがわかりました。

なお、自己志向的完璧主義と心理的適応・不適応の関係については、齋藤ら（2009）が多くの適応・不適応変数を用いて検討を行っています。興味のある人はご参照ください。

⑵重度の不適応

自己志向的完璧主義がもたらす重い不適応について紹介します。先に紹介した軽度の不適応がかなり重くなった状態と考えていただければよいのですが、私は専門の医師ではありませんので、わかる範囲で説明します。

ミスがあれば即失敗、という極端な思考のため、どんなに努力しても成功することができず、そのことで自分をとことん追い込むような場合には、うつ傾向や絶望感が強くなり、いわゆるうつ病になります。そして自殺念慮をともなうようであればこれはとても危険な状態といえます。また、ミスは絶対に犯せないという失敗恐怖が高じてくると、強迫性障害（不安障害）になることもあります。とくに、神経症傾向の強いパーソナリティの持ち主は要注意です。

その他、社会人の場合には仕事に疲れ切ってしまいバーンアウトしてしまうこと（燃え尽き症候群になること）や、完璧にできない仕事から逃れるためにアルコールや薬物に依存するアルコール依存症や薬物依存症になることもあります。また、子育てに完璧を求める母親（他者志向的完璧主義の母親）が、子どもが思うように育たないことを気にしてうつ病になったり、それとは正反対な反応として子どもを虐待したりすることもあります。さらにかなり以前から報告されているのですが、完璧主義が摂食障害（拒食症、過食症）や過激なダイエットと強い関係にあります。完璧な体型、この場合はかなり細身の体型を実現するために、過激なダイエット（完璧なダイエット）をして過食症や拒食症になっていくようです。摂食障害は思春期のお子さんに起こりやすいのですが、現在は女子だけでなく男子でも起こります。

●社会規定的完璧主義の場合

社会規定的完璧主義も自己志向的完璧主義とほぼ同様に不適応をもたらすことが知られています（Flett & Hewitt et al., 2002）。社会規定的完璧主義の人は、他者から完璧を求められると、自分の評価が下がらないようにと、その求めを素直に（誠実性の現われ）あるいは敏感に（神経症傾向の現われ）受けとめてしまうため、完璧に物事が達成できないときには自分はだめな人間であると思い自尊感情が低下したり、無気力や抑うつになったりします。また、完璧にできないことを上司などに指摘されたり、叱責されたりすることが多くなると、対人恐怖症になったり、出社できなくなったりすることもあります。自己志向的完璧主義と違い、対人関係がより強く関係しているために厄介な面もあるのです。

わが国での研究は少ないのですが、私どもや関係者の研究を紹介します。

すでに紹介しましたが、大谷・桜井（1995）は、①自己志向的完璧主義、②他者志向的完璧主義、そして③社会規定的完璧主義の三種類の完璧主義を測定する尺度の日本語版を作成し、抑うつ傾向や絶望感といったおもに心理的な不適応との関係を検討しました。ここで取り上げたいのは社会規定的完璧主義の結果ですが、この傾向が高い大学生は抑うつ傾向も絶望感も高いことがわかりました。とてもはっきりした結果であり、社会規定的完璧主義のネガティブな影響が明らかになりました。

また、母親の完璧主義的な子育てについての研究でも興味深い結果が報告されています。三重野・濱口（2005）は、〇～三歳児をもつ母親二九〇名程度を対象に、子育てにおける完璧主義と子育てにおける五種類のストレス反応（いやな出来事によって生じる不適応反応）について調べました。子育てにおける完璧主義尺度は、ヒューイットとフレット（Hewitt & Flett, 1991）や大谷・桜井（1997）を参考に、自己志向的完璧主義（例　完璧にできなければ、子育てが成功したとはいわない）、子ども志向的完璧主義（例　子どもには高い期待をかけてしまう）、社会規定的完璧主義（例　まわりの人は私に母親として完璧であることを求めている）の観点から構成されました。

分析の結果、子育てにおけるストレス反応（不適応傾向）に大きな影響を与えたのは、自己志向的完璧主義と社会規定的完璧主義でした。自己志向的完璧主義は、ストレス反応のなかの「自信の欠如・自責の感情」（例　自分は母親として失格である）、「感情の不安定感」（例　自分自身の感情が不安定だと感じる）、「子育て疲労感」（例　子どものことがかわいく思えないことがある）、「社会的孤立感・退屈感」（例　自分の社会に対する視野がだんだん狭くなっていくように感じる）に、社会規定的完璧主義は、「子育て否定感」（例　子育てに生きがいを感じることができない）と「社会的孤立感・退屈感」に影響していました。社会規定的完璧主義の特徴は、おもに子育て否定感に影響する点で、この結果は周囲の人からのプレッシャーを感じることで、子育て自体を楽しめなくなってしまうことを示しています。その結果として子どもへの虐待などにつながらないことを願うばかりです。なお、自己志向的完璧主義の結果は、大谷・桜井（1995）の大学生を対象とした結果（どちらかというとポジティブな影響）と異なります。この理由はよくわかりませんが、おそらく子育てに特化した本尺度の場合には、子育てへのセンシティブな態度が顕著に測定されたためではないかと考えられます。さらに、子ども志向的完璧主義の影響がほとんどみられなかったのは、それがストレス反応（不適応）をもたらすような過度の期待ではなかったからだと考えられます。

以上、全体的にみると、社会規定的完璧主義のネガティブな影響はかなり大きいものといえます。

●他者志向的完璧主義の場合

たびたび説明してきましたように、他者志向的完璧主義は、適応や不適応に〝これぞ〟といった、はっきりした影響は及ぼしません。完璧を求められた他者が、社会規定的完璧主義となってネガティブな影響を受けることはあっても、完璧を求めた本人は他者（たとえば、部下）が成功した場合には自分にもメリットがありますし、もし他者が失敗した場合でも他者の失敗を強調することで自分にはそれほどのデメリットにはならないからです。ただ、他者のことを思ってその他者に完璧を求める人の場合には、他者が失敗を繰り返すようであれば、自己嫌悪感や無力感を覚えることはあると思います。

ちなみに私どもは、大学生を対象にヒューイットとフレット（Hewitt & Flett, 1991）の尺度の日本語版を用いた研究（大谷・桜井 1995）を行っていますが、ネガティブな影響といえるようなものは、ストレッサー（いやな出来事）を多少感じることくらいでした。これが不適応につながれば問題ですが、そこまではいたらないと思われます。

不適応的な完璧主義と適応的な完璧主義

本章ではこれまで、完璧主義の心身への影響を、ポジティブな影響とネガティブな影響に分け、実証的なデータとともに説明してきました。そうした影響をおおまかにまとめると、自己志向的完璧主義ではポジティブ・ネガティブ両面の影響がありますが、社会規定的完璧主義ではネガティブな影響が強く、他者志向的完璧主義ではいずれの影響もほぼないものといえます。

本節では、典型的な完璧主義であり、ポジティブな影響とネガティブな影響の両面がみられる自己志向的完璧主義について、その影響を分ける主要な構成要素について検討します。じつは、これまでの説明でも効果が異なる構成要素について触れてきましたが、ここでは海外での研究成果もふまえ、総合的にまとめます。自己志向的完璧主義については多次元的な測定尺度が開発されているため、どのような要素が心身にポジティブあるいはネガティブな影響をもたらすかがほぼ明らかになっています。

近年の研究成果を丹念に分析した研究（たとえば、Stoeber & Otto, 2006）によると、自己志向的完璧主義には、「不適応的な完璧主義」の側面と「適応的な完璧主義」の側面があることがわかっています。研究者のなかには、前者を「不健康な完璧主義」、後者を「健康な完璧主義」と呼ぶ人もいます。

不適応的な完璧主義の代表的な要素は、ミスを過度に気にすることです。この点についてはこれまでもたびたび話題になりました。一方、適応的な完璧主義の代表的な要素は、高い目標を設定することです。フロストら（Frost et al., 1990）や桜井・大谷（1997）による自己志向的完璧主義を多次元的に測定する尺度では、その観点として、高すぎる目標の設定ではなく、高い目標の設定が挙げられていますが、これが適応的な要素となっています。そのほかに補足的な要素として、適応的な完璧主義の場合には、ミスをしないように注意をすること（過度に気にすること〈失敗恐怖〉ではありません）や他者の否定的な評価をあまり気にしないこと（過度な評価懸念ではありません）も指摘されています。

既成の（多様な観点を測定できる）尺度を使用して，〝適応か不適応か〟を判断するとなると，尺度そのもののよさ（とくに理論的な整合性）が問題になります。自己志向的完璧主義については，理論的には「高すぎる目標の設定」が標榜されていますが，開発された実際の尺度では「高い目標の設定」となっていました。その結果，高い目標の設定が適応的な完璧主義の代表的な要素となったわけです。これは達成動機づけ研究の結果と一致しており，目新しいものではありません。なお，私どもの子どもを対象とした研究（桜井 1997a, 1997b, 2005）では，「高すぎる目標設定」という観点が不適応をもたらすことが指摘できました。これは理論的な仮説を支持する実証的な研究として高く評価されるものと自負しています。

ストエバーとオットー（Stoeber & Otto, 2006）やその後の研究結果から，私が第1章で提案した「完璧志向」（表1－1）は，適応的な完璧主義の要素である，①高い目標の設定を含み，さらに②失敗を恐れない（で新しいことに挑戦する）こと，③他者の否定的な評価をあまり気にしないこと，を構成要素にしています。さらにストエバーとオットー（Stoeber & Otto, 2006）では指摘されませんでしたが，④しっかりした自己評価をすることも，私としてはとても重要な要素であると考えています。なぜならば，これがなくては理にかなった高い目標の設定はできないからです。こうしてみてくると，完璧志向はいわゆる適応的な完璧主義のとらえ方よりも精緻に検討されていると思います。

一方、いわゆる完璧主義（表1－1参照。ここでいう不適応的な完璧主義）は、完璧志向との対比で考えると、①高すぎる目標を設定してしまうこと（高すぎることに気づかないことが多い）、②失敗しないかと過度に心配すること（失敗恐怖）、③他者からの否定的な評価を過度に気にすること、④おもに失敗場面では厳しい自己評価・自己批判をすること、が重要な要素ということになります。

なお、適応的な完璧主義と不適応的な完璧主義については、仁平・佐藤（2004）の論考がとても参考になります。興味のある人はご参照ください。

これで第1章から第3章までの「理論編」は完結となります。不適応をもたらす（自己志向的）完璧主義と適応をもたらす完璧志向の違いを、ご理解いただけましたでしょうか。自己志向的完璧主義の人は完璧志向へのシフトができれば、課題や仕事で質の高い成果をあげ、心身ともに健康で適応的に過ごせるものと確信しています。

まとめ

本章では、完璧主義による心身への影響について、ポジティブな影響とネガティブな影響に分けて、実証的な研究とともにまとめました。

自己志向的完璧主義の場合は、高すぎる目標の設定ではなく、理にかなった高い目標の設定ができれば、適応的に過ごすことができますが、高すぎる目標を設定し、ミスを過度に気にすると不適応におちいる傾向があります。社会規定的完璧主義の場合には、誠実で神経症的なパーソナリティの持ち主が不適応になりやすく、比較的大きな不適応を引き起こす傾向があります。他者志向的完璧主義では、完璧を求められた人が不適応になることはあっても、完璧を求めた本人は不適応とも適応ともほぼ関係がありません。

最後に、自己志向的完璧主義の適応型と考えられる「完璧志向」について、これまでの研究成果をふまえて説明しました。完璧志向へのシフトができれば、完璧を求める人は高いパフォーマンスと心身の健康を維持し、適応的に生活することができます。

第Ⅱ部　実践編

第４章　完璧主義傾向を測ってみる

完璧主義はどのように測定されてきたのか

これまで完璧主義はどのように測定されてきたのでしょうか。完璧主義の測定（おもに質問紙による測定）は、完璧主義の定義やとらえ方に依拠するため、それらが変われば測定の仕方も変わります。ただ、完璧主義に関する研究は理論的な研究も多く、質問紙等による測定方法を開発して実証的に検討したという研究はそれほど多くはありません。

完璧主義の研究者のなかで、萌芽期の研究者としてよく知られているのは、ホレンダー（Hollender, M.H.）です。彼は、完璧主義を「その状況が要求しているよりも質の高いパフォーマンスを自分自身や他者につねに要求する傾向」と定義しました（Hollender, 1965）。この定義には、自分に完璧を求める自己志向的完璧主義と、のちにヒューイットとフレット（Hewitt & Flett, 1991）がその測定法を開発することになる他者に完璧を求める他者志向的完璧主義が含まれています。ホレンダーは、研究史上において先見の明があったといえるでしょう。なお、最近わが国では『嫌われる勇気』（岸見・古賀 2013）の著作によっても話題になったアドラー（Adler, A. 精神分析学が専門で「個人心理学」の創始者。劣等感・優越感コンプレックスで知られている）も、この時期に完璧主義に関心をもっていたようです。

つぎに指摘できるのは、バーンズ（Burns, D.D.）です。彼は、完璧主義者とは「達成が不可能に思えるゴールに対して強迫的にいつも達成しようとこだわり、自分の価値を結果や達成度のみで測ろうとしている人であり、こうした人を突き動かしているのは〝自分自身を超える〟という欲求である」と述べています（Burns, 1980）。彼は一〇項目からなる完璧主義尺度を開発し、アメリカの一般向け心理雑誌 *Psychology Today* に発表しました。この尺度は、①高い達成基準を設定し、その達成に向けて努力すること、②小さなミスでも失敗とみなすような厳しい評価とそれに基づく厳しい自己批判をすること、がおもな観点として採用されています。といっても、彼はなぜか完璧主義の一次元性（一つの観点でとらえられること）を主張しています。

バーンズの尺度には、つぎのような項目が含まれています。①については、「私は人並みなことをするのでは決して満足できない」や「高い目標をもたなければ、私はきっと二流の人間で終わってしまう」という項目、②については、「物事はうまく成し遂げられなければ、それをした意味がない」や「重要なことで失敗するようでは、私はたいした人間ではないと思う」といった項目です。のちにこの尺度が詳しく分析され、予想した一次元性が支持されなかったため（少なくとも二つの観点で構成されるのですから、あたりまえの結果ともいえます）、それ以後の研究では、完璧主義は多次元的な概念（複数の観点からとらえられる概念）であり、測定尺度もそれに従って開発されました。

一九九〇年代に入り、新たな尺度の開発とその尺度を用いた実証的な研究が急ピッチで進められました。そのもとになった尺度がヒューイットとフレット（Hewitt & Flett, 1991）とフロストら（Frost et al., 1990）による二つの多次元尺度です。

まず、ヒューイットとフレット（Hewitt & Flett, 1991）は、①自分が自分に向けて完璧を求める自己志向的完璧主義のほかに、対人的な要因も考慮して、②完璧主義が向けられる（directed）対象が他者である他者志向的完璧主義と、③完璧主義が社会の一員である他者（おもに重要な他者）から自分にもたらされる（attributed）とする社会規定的完璧主義、を新たに加えました。従来のように自分が自分に完璧を求めるだけでなく、他者の要因を加えて、自分が他者に完璧を求めたり、自分が他者から完璧を求められたりする完璧主義を提唱したわけです。発想がとてもユニークだと思いませんか。そして、彼らはこの三種類の完璧主義を測定する尺度を開発しました。

他方、フロストら（Frost et al., 1990）は、自己志向的完璧主義を、高い達成目標を設定すること、そして小さなミスでもあれば完璧とはいえないというような厳しすぎる自己評価をすることと、などを中心に概念化し、自己志向的完璧主義の多次元（複数の観点からとらえる）尺度を開発しました。こちらは、自己志向的完璧主義がどんな観点で構成されるのかを考え、その観点で多次元尺度を構成したものといえます。のちに紹介する桜井・大谷（1997）の尺度はこのフロストらの尺度を基礎にして開発されました。

こうした海外での尺度開発に対して、わが国でいち早く完璧主義尺度を開発したのは辻（1992）でした。彼は、バーンズの尺度をベースに自己志向的完璧主義を三次元（理想追及、失敗恐怖、強迫的努力）でとらえる独自の尺度を作成しました。また、大谷・桜井（1995）はヒューイットとフレットの尺度の日本語版を作成し、桜井・大谷（1997）はフロストらの尺度を参考に自己志向的完璧主義を四次元でとらえる尺度（後述します）を開発しました。私はよくばりなので、大事な二種類の尺度を作成してしまいました。なお、フロストらの尺度については田中ら（1999）の日本語版もあります。海外の尺度もわが国の尺度も多くは完璧主義をパーソナリティ（特性）としてとらえる立場で開発されたものですが、小堀・丹野（2004）は完璧主義の認知（考え方）に焦点をあて、完璧主義の認知尺度（完璧主義をどのような考え方でとらえているのか、という尺度）を作成しています。

以上、完璧主義の定義やとらえ方、ならびにそれらに基づいて開発された、いくつかの尺度について説明しました。ここで、本書における完璧主義の定義やとらえ方について確認をしておきたいと思います。

本書では、完璧主義を「過度に完璧を求めるパーソナリティあるいは認知傾向」と定義し、すでに述べた三種類（自己志向的、他者志向的、社会規定的）の完璧主義でとらえることにしました。また、自己志向的完璧主義については、表１－１（および表５－１）の上から六つの観点でも細かくとらえます。そうした完璧主義に対して、適応的な（自己志向的）〝完璧志向〟は「適度に完璧を求めるパーソナリティあるいは認知傾向」と定義しました（表１－１および表５－２参照）。そして、完璧志向は、自分の利益のために他者に完璧を求める他者志向的完璧主義や他者の思惑ばかりを気にする社会規定的完璧主義におちいることがないものと想定しています。完璧志向は、のちに紹介する質問項目によって測定することができます。

完璧主義傾向を測ってみよう

それでは、おもな完璧主義尺度を紹介しますので、実際に回答し採点してみてください。一般（成人）用のほかに子ども用や母親用（子育てに関するもの）もあります。ただし、ここで紹介するのはあくまでも簡易的な尺度であり、著作権等を守るために多少の修正を加えてあります。それゆえ、回答結果は一応の目安にとどめてください。とくに日本語版の場合には版権等の問題があるため、代表的な項目を挙げたり、ある程度修正を加えて示したりしましたので、あわせて

くださ い。

ご了承ください。

厳密に測定したい人は、オリジナルの論文などに掲載されている尺度情報を入手して、ご利用ください。

⑴成人の場合

成人用の二つの尺度を紹介します。

最初はヒューイットとフレット（Hewitt & Flett, 1991）の尺度です。これは、自己志向的完璧主義、他者志向的完璧主義、そして社会規定的完璧主義を測定するものです。尺度開発では大学生が主たる対象でしたが、成人であればどなたでも測定できます。

表4－1をご覧ください。ここでは、各観点六項目を用意しました。各項目に対して「非常にあてはまる」「かなりあてはまる」「ややあてはまる」「どちらともいえない」「ややあてはまらない」「あまりあてはまらない」「まったくあてはまらない」の七段階の選択肢のうちから、どれかひとつを選んで回答してください。

採点は、普通の項目では「非常にあてはまる」から「まったくあてはまらない」まで、7、6、5、4、3、2、1点と、点を与えてください。逆転項目（反対の内容を問う項目）の場合は、この反対の順で点を与えてください。計算上、三つの完璧主義はそれぞれ6点～42点の範囲で得点が分布します。この得点が高いほど、完璧主義が高いことを示します。そして、上位の

表 4-1　自己志向的，他者志向的，社会規定的完璧主義を測定する尺度（成人用）（Hewitt & Flett, 1991 に基づく）

●つぎの 18 個の各問に対して，自分にもっともよくあてはまると思う数字に○をつけてください。

●選択肢の意味

「非常にあてはまる（7）」「かなりあてはまる（6）」「ややあてはまる（5）」「どちらともいえない（4）」「ややあてはまらない（3）」「あまりあてはまらない（2）」「まったくあてはまらない（1）」

①自己志向的完璧主義　（合計　　　点）

・できるかぎり，完璧であろうと努力する。	1 − 2 − 3 − 4 − 5 − 6 − 7
・課題や仕事はいつでも全力でやらなければならない。	1 − 2 − 3 − 4 − 5 − 6 − 7
・やると決めたことは，何でも最善をつくそうと思う。	1 − 2 − 3 − 4 − 5 − 6 − 7
・私は自分に高い目標を課している。	1 − 2 − 3 − 4 − 5 − 6 − 7
・やること全部が完璧である必要はない。（逆転項目）	1 − 2 − 3 − 4 − 5 − 6 − 7
・高すぎる目標はもたない。（逆転項目）	1 − 2 − 3 − 4 − 5 − 6 − 7

②他者志向的完璧主義　（合計　　　点）

・まわりの人がすることは何でも最高であるべきだ。	1 − 2 − 3 − 4 − 5 − 6 − 7
・課題や仕事の達成を簡単に諦めてしまう人でも，私は責めたりしない。（逆転項目）	1 − 2 − 3 − 4 − 5 − 6 − 7
・私にとって大切な人には高い期待をかけてしまう。	1 − 2 − 3 − 4 − 5 − 6 − 7
・親しい人が最善を尽くそうとしなくても気にならない。（逆転項目）	1 − 2 − 3 − 4 − 5 − 6 − 7
・頼まれた課題や仕事は完璧にやってほしいと思う。	1 − 2 − 3 − 4 − 5 − 6 − 7
・私にとって大切な人は私を失望させないはずだ。	1 − 2 − 3 − 4 − 5 − 6 − 7

③社会規定的完璧主義　（合計　　　点）

・うまくやればやるほど，いっそうそうすることを期待されているように思う。	1 − 2 − 3 − 4 − 5 − 6 − 7
・まわりの人は，私が失敗しても気にせず受け入れてくれる。（逆転項目）	1 − 2 − 3 − 4 − 5 − 6 − 7
・家族は，私が何でも完璧にすることを期待している。	1 − 2 − 3 − 4 − 5 − 6 − 7
・すべてにおいて優れていなくても，まわりの人は私を嫌ったりしない。（逆転項目）	1 − 2 − 3 − 4 − 5 − 6 − 7
・私がしくじったら，まわりの人はびっくりするだろう。	1 − 2 − 3 − 4 − 5 − 6 − 7
・友人は，私が何でもうまくやることを期待している。	1 − 2 − 3 − 4 − 5 − 6 − 7

注）逆転項目については，1 が 7 点，2 が 6 点，……7 が 1 点と，普通の項目（1 が 1 点，2 が 2 点，……7 が 7 点）とは反対に得点化する。

さい。

　回答が終わりましたら、採点をしてください。そして、採点結果をみてください。自己志向的完璧主義の平均は26点であり、32点以上であれば上位二〇％程度に入ります。他者志向的完璧主義の平均は24点であり、28点以上であれば同じように上位二〇％程度に入ります。最後に、社会規定的完璧主義の平均は22点であり、26点以上であれば上位二〇％程度に入ります。上位二〇％に入る場合はそれぞれの完璧主義がかなり高いことを意味します。

　なお、これまでの研究結果から、①の自己志向的完璧主義は、得点が高いほどほぼ適応的である（すなわち、うまく課題や仕事を達成して健康である）ことを示します。項目内容は完璧志向に近いものといえます。一方、③の社会規定的完璧主義は、得点が高いほどほぼ不適応である（完璧にしなければならないと自分を追いつめて不健康である）ことを示します。

　二つめとしてフロストら（Frost et al., 1990）の尺度を参考に、桜井・大谷（1997）が開発した自己志向的完璧主義の多次元尺度を紹介します。この尺度は四つの観点（次元）で構成されています。それらは、①完璧でありたいという欲求、②自分に高い目標を課す傾向、③ミス（失敗）を過度に気にする傾向、④自分の行動の出来栄えに漠然とした疑いをもつ傾向、です。

　理論面から考えると、②は「自分に〝高すぎる〟目標を課す傾向」でなければならないのですが、フロストら（Frost et al., 1990）の尺度に準じて、〝高い目標〟のままにしています。したがって、完璧志向の要素（表１－１参照）のひとつを測定しているものと考えられます。また、①は私どものオリジナルな観点であり、私が動機づけ研究を専門にしていることから生まれました。なお、これらの各観点はすべて自己志向的完璧主義を構成するものですから、ヒューイットとフレット（Hewitt & Flett, 1991）による自己志向的完璧主義尺度と関連があり、妥当性（測りたいものが測られているということ）の一部は確認されています。尺度の開発では大学生が主たる対象でしたが、成人であれば使用できます。

表４－２（次頁）をご覧ください。ここでは、各観点四項目を用意しました。各項目に対して「非常にあてはまる」「かなりあてはまる」「ややあてはまる」「ややあてはまらない」「あまりあてはまらない」「まったくあてはまらない」の六段階の選択肢のうちから、どれかひとつを選んで回答してください。

採点は、各項目について「非常にあてはまる」から「まったくあてはまらない」まで、６、５、４、３、２、１点と点を与えてください。計算上、各観点は４点～24点の範囲で得点が分布します。この得点が高いほど、完璧主義が高いことを示します。そして、上位の二〇％程度に入ると、完璧主義がかなり高いものと判断できます。それではご回答ください。

回答が終わりましたら、採点をしてください。そして、結果をみてください。完璧でありたいという欲求の平均は15点であり、19点以上であれば上位二〇％程度に入ります。自分に高い目標を課す傾向の平均は16点であり、20点以上であれば同じように上位二〇％程度に入ります。ミス

表 4-2　自己志向的完璧主義を四つの観点から測定する尺度（成人用）
（桜井・大谷，1997 が開発した自己志向的完璧主義の多次元尺度に基づく）

●つぎの 16 個の各問に対して，自分にもっともよくあてはまると思う数字に○をつけてください。

●選択肢の意味
「非常にあてはまる（6）」「かなりあてはまる（5）」「ややあてはまる（4）」「ややあてはまらない（3）」「あまりあてはまらない（2）」「まったくあてはまらない（1）」

①完璧でありたいという欲求　（合計　　　点）

・どんなことでも完璧にやり遂げることが私のモットーである。	1 − 2 − 3 − 4 − 5 − 6
・中途半端な出来栄えではがまんできない。	1 − 2 − 3 − 4 − 5 − 6
・できるかぎり，完璧であろうと努力する。	1 − 2 − 3 − 4 − 5 − 6
・物事は常にうまくできていないと気がすまない。	1 − 2 − 3 − 4 − 5 − 6

②自分に高い目標を課す傾向　（合計　　　点）

・いつもまわりの人より高い目標をもとうと思う。	1 − 2 − 3 − 4 − 5 − 6
・何事においても最高の水準をめざしている。	1 − 2 − 3 − 4 − 5 − 6
・高い目標をもつほうが，自分のためになると思う。	1 − 2 − 3 − 4 − 5 − 6
・自分の能力を最大限に発揮できるような目標をもつべきである。	1 − 2 − 3 − 4 − 5 − 6

③ミス（失敗）を過度に気にする傾向　（合計　　　点）

・少しでもミスがあれば，完全に失敗したのも同じである。	1 − 2 − 3 − 4 − 5 − 6
・ささいな失敗でも，まわりの人からの評価は下がるだろう。	1 − 2 − 3 − 4 − 5 − 6
・完璧にできなければ，成功とはいわない。	1 − 2 − 3 − 4 − 5 − 6
・人前で失敗することなど，とんでもないことだ。	1 − 2 − 3 − 4 − 5 − 6

④自分の行動の出来栄えに漠然とした疑いをもつ傾向　（合計　　　点）

・注意深くやった課題や仕事でも，欠点があるような気がして心配になる。	1 − 2 − 3 − 4 − 5 − 6
・納得できる仕事をするには，人一倍時間がかかる。	1 − 2 − 3 − 4 − 5 − 6
・何かをやり残しているようで，不安になることがある。	1 − 2 − 3 − 4 − 5 − 6
・念には念をいれるほうである。	1 − 2 − 3 − 4 − 5 − 6

注）得点化は，1 が 1 点，2 が 2 点，……6 が 6 点とする。

（失敗）を過度に気にする傾向の平均は11点であり、15点以上であれば上位二〇％程度に入ります。最後に、自分の行動の出来栄えに漠然とした疑いをもつ傾向の平均は16点であり、20点以上であれば上位二〇％程度に入ります。

これまでの研究結果から、②の自分に高い目標を課す傾向は、得点が高いほどほぼ適応的である（高い目標を達成して健康な状態である）ことを示します。項目内容には完璧志向に近いものが多いといえます。③のミス（失敗）を過度に気にする傾向と④の自分の行動の出来栄えに漠然とした疑いをもつ傾向は、得点が高いほどほぼ不適応である（ミスや出来栄えを気にするために不健康である）ことを示します。

⑵子どもの場合

私が開発した、子ども用の自己志向的完璧主義の多次元尺度（桜井　1997a, 1997b, 2005）を紹介します。この尺度は自己志向的完璧主義を三つの次元（観点）で測定できます。それらは、①完璧への願望、②結果へのこだわり、③高すぎる目標設定、の三つです。先に紹介した桜井・大谷（1997）による、成人用の自己志向的完璧主義の多次元尺度と比べると、②の結果へのこだわりには、ミスを過度に気にする傾向と自分の行動の出来栄えに漠然とした疑いをもつ傾向の両方の項目が含まれていること、③の高すぎる目標設定は本来の完璧主義の定義に従って、〝高すぎる〟目標設定になっていること、がおもな違いです。

本尺度は小学四年生から六年生を対象に開発されましたが、中学生でも使用できます。お子さんがいやがらないのであれば、試してみてください。

表4－3をご覧ください。ここでは、各観点四項目を用意しました。各項目に対して「はい」「どちらかといえばはい」「どちらかといえばいいえ」「いいえ」の四段階の選択肢のうちから、どれかひとつを選んで回答するように指示してください。

採点は、普通の項目では「はい」から「いいえ」まで、4、3、2、1点と点を与えてください。逆転項目（反対の内容を問う項目）の場合には、この反対の順で点を与えてください。計算上、各観点は4点～16点の範囲で得点が分布します。この得点が高いほど、完璧主義が高いことを示します。そして、上位の二〇％程度に入ると、完璧主義がかなり高いものと判断できます。

それでは回答をお願いします。

回答が終わりましたら、採点をしてください。そして、結果をみてください。完璧への願望の平均は11点であり、13点以上であれば上位二〇％程度に入ります。結果へのこだわりの平均は10点であり、13点以上であれば同じように上位二〇％程度に入ります。高すぎる目標設定の平均は9点であり、11点以上であれば上位二〇％程度に入ります。

すでに説明した通り、これまでの研究結果から、①の完璧への願望は、得点が高いほどほぼ適応的である（よい成果をあげて健康である）ことを示します。一方、②の結果へのこだわりと③の高すぎる目標設定は、得点が高いほどほぼ不適応的である（よい結果が得られるかどうか不安

表4-3　子ども用の自己志向的完璧主義を三つの観点から測定する尺度（児童・生徒用）（桜井，1997a, 1997b, 2005が開発した子ども用の多次元自己志向的完璧主義尺度に基づく）

●つぎの12個の各問に対して，自分にもっともよくあてはまると思う数字に○をつけてください。

●選択肢の意味
「はい（4）」「どちらかといえばはい（3）」「どちらかといえばいいえ（2）」「いいえ（1）」

①完璧への願望　（合計　　　点）

・すべきことでも，とちゅうであきらめてしまうことが多い。（逆転項目）	1－2－3－4
・自分がしたことに，まちがいがないか，何度も確かめる。	1－2－3－4
・いったん決めたことは，最後までやりとげないと気がすまない。	1－2－3－4
・やることはすべて，完ぺきにしたい。	1－2－3－4

②結果へのこだわり　（合計　　　点）

・自分のしたことがきちんとできているか，いつも心配だ。	1－2－3－4
・どんなに確かめても，まちがいがあるような気がする。	1－2－3－4
・自分がしたことに自信がもてない。	1－2－3－4
・いったん失敗してしまうと，あとから何をしても取り返しがつかない。	1－2－3－4

③高すぎる目標設定　（合計　　　点）

・他の人にはできないような目標を立てることが多い。	1－2－3－4
・自分の力でできること以上の目標を立ててしまう。	1－2－3－4
・いつも一番をめざさなければだめだ。	1－2－3－4
・まわりの人と同じことをやっていては，満足できない。	1－2－3－4

注）逆転項目については，1が4点，2が3点，3が2点，4が1点と，普通の項目（1が1点，2が2点，3が3点，4が4点）とは反対に得点化する。

であったり、目標が高すぎてうまく達成できなかったりして不健康である）ことを示します。これはあくまでもおおまかな傾向ですので、その点はご了承ください。とくに子どもの場合は得点の変動が大きいと思われますので、これがすべてだとは思わないようにお願いします。

(3) 養育者による子育ての場合

子育てに関する完璧主義への関心も高いと思います。そこでつぎに、三重野・濱口（2005）が開発した子育てに関する完璧主義の多次元尺度を紹介します。フロストら（Frost et al., 1990）流の尺度であり、自己志向的完璧主義、子ども志向的完璧主義、社会規定的完璧主義の三つの観点で構成されています。子育てにおける完璧主義なので、他者志向的完璧主義は子ども志向的完璧主義となります。〇～三歳の乳幼児を育てている母親を対象に開発されましたが、おそらく子育て中の母親であれば、どなたでも実施できます。また、父親の場合でもおおまかな傾向はこれでわかると思います。「母親」を「父親」にかえてご回答ください。

表4－4をご覧ください。ここでは、各完璧主義について四項目を用意しました。各項目に対して「非常にあてはまる」「かなりあてはまる」「ややあてはまる」「ややあてはまらない」「あまりあてはまらない」「まったくあてはまらない」の六段階の選択肢のうちから、どれかひとつを選んで回答してください。

採点は、普通の項目では「非常にあてはまる」から「まったくあてはまらない」まで、6、

表4-4　子育ての自己志向的，子ども志向的，社会規定的完璧主義を測定する尺度（三重野・濱口，2005が開発した子育てに関する完璧主義尺度に基づく）

●つぎの16個の各問に対して，自分にもっともよくあてはまると思う数字に○をつけてください。

●選択肢の意味

「非常にあてはまる（6）」「かなりあてはまる（5）」「ややあてはまる（4）」「ややあてはまらない（3）」「あまりあてはまらない（2）」「まったくあてはまらない（1）」

①自己志向的完璧主義　（合計　　点）

・子育てに関するすべてのことで，最高の水準をめざしている。	1－2－3－4－5－6
・子育てにおいて，中途半端な出来栄えではがまんができない。	1－2－3－4－5－6
・完璧にできなければ，子育てが成功したとはいわない。	1－2－3－4－5－6
・少しでもミスがあれば，子育ては失敗したのも同然である。	1－2－3－4－5－6

②子ども志向的完璧主義　（合計　　点）

・子どもには高い期待をかけてしまう。	1－2－3－4－5－6
・子どもがすべてにおいて優れていることを期待しない。（逆転項目）	1－2－3－4－5－6
・子どもがすることは何でも最高であるべきだ。	1－2－3－4－5－6
・子どもが成功しなくても気にならない。（逆転項目）	1－2－3－4－5－6

③社会規定的完璧主義　（合計　　点）

・まわりの人は，子育てに関して私に期待をかけすぎていると思う。	1－2－3－4－5－6
・子育てにおいて，私がしくじったら，まわりの人はびっくりするだろう。	1－2－3－4－5－6
・まわりの人は私に母親として完璧であることを求めていると思う。	1－2－3－4－5－6
・家族は，私が子育てにおいてどんなことも完璧にやることを期待している。	1－2－3－4－5－6

注）逆転項目については，1が6点，2が5点，……6が1点と，普通の項目（1が1点，2が2点，……6が6点）とは反対に得点化する。

5、4、3、2、1点と点を与えてください。逆転項目（反対の内容を問う項目）の場合には、この反対の順で点を与えてください。計算上、各完璧主義は4点～24点の範囲で得点が分布します。この得点が高いほど、完璧主義が高いことを示します。そして、上位の二〇％程度に入ると、完璧主義がかなり高いものと判断できます。どうぞご回答ください。

回答が終わりましたら、採点をしてください。そして、採点結果をみてください。自己志向的完璧主義の平均は7点であり、11点以上であれば上位二〇％程度に入ります。子ども志向的完璧主義の平均は11点であり、16点以上であれば同じように上位二〇％程度に入ります。最後に、社会規定的完璧主義の平均は8点であり、12点以上であれば上位二〇％程度に入ります。

これまでの研究結果から、①の自己志向的完璧主義と③の社会規定的完璧主義では、得点が高いほどほぼ不適応的である（完璧主義的な子育て意識が強かったり、他者から子育てに完璧を求められていると強く思ったりして不健康である）ことを示します。最初のお子さんの子育てでは周囲からの期待を強く感じ、点数がとくに高くなることがあります。また、子育ての時期によっても得点が変動するようです。

完璧志向を測ってみよう

これまで既成の尺度から項目を選択したり、選択した項目を修正したりして、簡便な尺度を紹介してきました。つぎに、第1章で提案した「完璧志向」を測定する尺度を紹介します。ただ、既成の（市販されたり、学会誌で発表したりして、社会的に広く知られている）尺度はないため、私がこれまでの経験を活かして独自に作成しました。項目内容に自信はありますが、実証的な検討はこれからです。試行版と考えてお使いください。

最初に紹介する「完璧主義と完璧志向を対比させてどちらが強いかを判定する尺度」はユニークな尺度です。二つめの尺度は完璧志向の程度を精緻に測定する尺度です。いずれの尺度についてもご意見をいただけましたらうれしいです。

なお、対象はおもに成人です。中学生くらいから実施できます。

(1)（自己志向的）完璧主義と完璧志向を対比させてどちらが強いかを判定する尺度

この尺度では、（自己志向的）完璧主義と完璧志向の項目を対比させて、どちらが強いかを判定します。表1－1に挙げた四つの要素（観点）に従って、完璧主義と完璧志向を表す項目を対比して示し、ご自身によりよくあてはまるほうを選択してもらうという形式の尺度です。これまで心理学ではあまりみかけない尺度です。

表4－5をご覧ください。各観点、三項目ずつで対比を行っています。したがって、完璧主義の項目か完璧志向の項目を、どちらか二つ以上選ばれたほうが強いものと判定できます。

ただし、完璧を求める気持ちが弱い人はどちらにもあてはまらないと思われますので、その場

③失敗を恐れないで新たな挑戦をすること（●）　vs.　失敗恐怖（▲）

完璧志向（　　　点）　vs.　完璧主義（　　　点）

a. ●課題や仕事でミスがあってもそれで一日悩むようなことはない。（　　）

▲課題や仕事でミスがあると，その後は一日悩んでしまう。（　　）

b. ●小さなミスは起こるものなので，気にしない。（　　）

▲小さなミスでもとても気になる。（　　）

c. ●失敗しても，それにめげずに新たなことにも挑戦している。（　　）

▲失敗すると，それにめげて，新しいことなどとても手に就かない。（　　）

④他者の否定的な評価をあまり気にしないこと（●）　vs.　強すぎる評価懸念（▲）

完璧志向（　　　点）　vs.　完璧主義（　　　点）

注）他者とは，家族，仕事の上司，友だちなど。

a. ●課題や仕事に対する他者の評価は大事なので，参考にしている。（　　）

▲課題や仕事に対する他者の評価は大事なので，とても気にする。（　　）

b. ●課題や仕事のことで他者に否定的に評価されても，へこたれることはない。（　　）

▲課題や仕事のことで他者に否定的に評価されると，とてもへこんでしまう。（　　）

c. ●課題や仕事で他者に「よくできた」といわれることは大事だと思うが，それにこだわることはない。（　　）

▲課題や仕事で他者に「よくできた」といわれることはとても大事なので，それにとてもこだわっている。（　　）

注）●は完璧志向を，▲は完璧主義を示す。○を１点とする。

表 4-5　完璧主義と完璧志向を対比させてどちらが強いかを判定する尺度

●つぎの 12 個の各問には，それぞれ 2 つの文章があります。各問では，2 つの文章を比べて，自分によくあてはまると思う文章の（　　）に○を記入してください。なお，どちらの文章も自分にはあてはまらないと思う場合は，何も記入しないでください。

①理にかなった高い目標の設定（●）　vs.　高すぎる目標の設定（▲）

完璧志向（　　　点）vs.　完璧主義（　　　点）

a. ●精一杯努力して達成できるような高い目標をもつことが大事だと思う。（　　）
　▲理想のようなとても高い目標をもつことが大事だと思う。（　　）

b. ●課題や仕事では，高い水準での達成をめざして努力している。（　　）
　▲課題や仕事では，周囲の人が達成できないようなきわめて高い水準での達成をめざして努力している。（　　）

c. ●自分の能力を十分に発揮できるような目標をもつことが多い。（　　）
　▲自分の能力をはるかに超えるような目標をもってしまうことが多い。（　　）

②しっかりした自己評価と自己強化（●）　vs.　厳しすぎる自己評価と自己批判（▲）

完璧志向（　　　点）vs.　完璧主義（　　　点）

a. ●自分に課された課題や仕事は，現実的な目標に沿って評価している。（　　）
　▲自分に課された課題や仕事は，自分が理想と考える水準で評価している。（　　）

b. ●課題や仕事で失敗しても，自分で自分を激励するようにしている。（　　）
　▲課題や仕事で失敗すると，そんな自分を叱ってしまう。（　　）

c. ●課題や仕事で成功したら，自分でそれをほめ，いっそうよい成果が出せるようにがんばっている。（　　）
　▲課題や仕事で成功しても，自分をほめることはできず，どうしてもっと高い目標がもてなかったのかと後悔してしまう。（　　）

③失敗を恐れないで新たな挑戦をすること　（合計　　点）

・課題や仕事でミスがあってもそれで一日悩むようなことはない。	1－2－3－4－5
・小さなミスは起こるものなので，気にしない。	1－2－3－4－5
・失敗は成功のもとだと思う。	1－2－3－4－5
・失敗しても，その後がんばればよい結果が出せると思う。	1－2－3－4－5
・失敗しても，それにめげずに新たなことにも挑戦している。	1－2－3－4－5

④他者の否定的な評価をあまり気にしないこと　（合計　　点）

注）他者とは，家族，仕事の上司，友だちなど。

・課題や仕事に対する他者の評価は大事なので，参考にしている。	1－2－3－4－5
・課題や仕事のことで他者に否定的に評価されても，へこたれることはない。	1－2－3－4－5
・課題や仕事で他者に「よくできた」といわれることは大事だと思うが，それにこだわることはない。	1－2－3－4－5
・他者が，私の課題や仕事の出来栄えがよくないと言っても，あまり気にしないでがんばっている。	1－2－3－4－5
・課題や仕事に対する出来栄えについて，自分による評価は他者による評価と同じくらい大事だと思う。	1－2－3－4－5

注）得点化は，1が1点，2が2点，……5が5点とする。

表 4-6　完璧志向の程度を精緻に測定する尺度

●つぎの 20 個の各問に対して，自分にもっともよくあてはまると思う数字に○をつけてください。

●選択肢の意味

「とてもよくあてはまる（5）」「よくあてはまる（4）」「どちらともいえない（3）」「あまりあてはまらない（2）」「まったくあてはまらない（1）」

①理にかなった高い目標の設定　（合計　　点）

・精一杯努力して達成できるような高い目標をもつことが大事だと思う。	1 − 2 − 3 − 4 − 5
・課題や仕事では，高い水準での達成をめざして努力している。	1 − 2 − 3 − 4 − 5
・現実的に自分が達成できるような高い目標をもつことにしている。	1 − 2 − 3 − 4 − 5
・自分にとって大事なことでは，高い目標をもつことである。	1 − 2 − 3 − 4 − 5
・自分の能力を十分に発揮できるような目標をもつことが多い。	1 − 2 − 3 − 4 − 5

②しっかりした自己評価と自己強化　（合計　　点）

・自分に課された課題や仕事は，現実的な目標に沿って評価している。	1 − 2 − 3 − 4 − 5
・課題や仕事の結果は，成功でも失敗でも，その原因をよく検討して今後の参考にしている。	1 − 2 − 3 − 4 − 5
・課題や仕事で失敗しても，自分で自分を激励するようにしている。	1 − 2 − 3 − 4 − 5
・課題や仕事で成功したら，自分でそれをほめ，いっそうよい成果が出せるようにがんばっている。	1 − 2 − 3 − 4 − 5
・理想は大事であるが，課題や仕事の評価は現実路線で行っている。	1 − 2 − 3 − 4 − 5

合は無回答（回答できない）としてください。

回答が終わりましたら、採点をしてください。そして、採点結果をみてください。各観点において、完璧主義と完璧志向、どちらの項目をたくさん選ばれたでしょうか。完璧を求める気持ちが強くないという人は、無回答が多くなったと思います。もちろん、完璧志向の項目を多く選ぶと適応的であり（健康で完璧をめざして努力しており）、完璧主義の項目を多く選ぶと不適応的である（完璧を過度にめざすがゆえに不健康である）と予想されます。

⑵完璧志向の程度を精緻に測定する尺度

つぎは、完璧志向の程度をより精緻に測定する尺度を紹介します。⑴の完璧志向の項目を使用していますが、こちらは完璧志向についてのみ、その程度を測定します。

表4－6（前頁）をご覧ください。前項⑴の四観点を採用し、各観点五問ずつの項目を作成しました。⑴の各観点三問に二問ずつプラスしています。回答は、「とてもよくあてはまる」「よくあてはまる」「どちらともいえない」「あまりあてはまらない」「まったくあてはまらない」の五段階の選択肢のうちから、どれかひとつを選んでください。

採点は、「とてもよくあてはまる」から「まったくあてはまらない」まで、5、4、3、2、1点と点を与えてください。計算上、各観点は5点～25点の範囲で得点が分布します。この得点が高いほど、完璧志向が高いことを示します。どうぞご回答ください。

回答が終わりましたら、採点をしてください。そして、採点結果をみてください。現在のところ基礎研究が追いついていないため、どの程度であれば、完璧志向が高いかを判断するところまではいきませんが、各観点の真ん中の値は15（3点×五問）点ですので、20点以上であれば、高いといえるように思います。

まとめ

完璧主義がどのように測定されてきたかについて説明した後、完璧主義や完璧志向を測定する尺度を、考案中のものを含め六つ紹介しました。

完璧主義の測定尺度は、当初はバーンズ（Burns, 1980）のような一次元の（一つの観点でとらえる）尺度でしたが、やがて自己志向的完璧主義、他者志向的完璧主義、社会規定的完璧主義を測定するヒューイットとフレット（Hewitt & Flett, 1991）の多次元（複数の観点でとらえる）尺度と、自己志向的完璧主義をいくつかの観点から測定するフロストら（Frost et al., 1990）の多次元尺度が、ほぼ同時に開発されました。わが国でもこの二つの尺度の日本語版やそれらを参考にした独自の尺度が作成されました。

完璧主義を測ってみたいという人のために、実際に回答できる形式（表4－1～表4－6）で尺度項目を紹介しました。ただし、著作権や版権に考慮して、既成の尺度の場合には原尺度の項目を多少修正しています。成人用では、ヒューイットとフレット（Hewitt & Flett, 1991）の日本語版と、フロストら（Frost et al., 1990）を参考にわが国で作成された桜井・大谷（1997）の尺度を基にして、項目を紹介しました。子ども用では、桜井（1997a, 1997b, 2005）の尺度をもとに項目を紹介しました。また子育てに関する（母親の）完璧主義を測定するために、三重野・濱口（2005）の尺度から、観点ごとに数項目ずつを紹介しました。最後に、本書で提案した「完璧志向」に関して、（自己志向的）完璧主義と完璧志向のどちらの傾向が強いかを判定するユニークな尺度と、完璧志向の程度をより精緻に測定する尺度を、独自に作成し紹介しました。

第5章
完璧主義の自分とうまくつきあう方法

完璧主義の自分とうまくつきあう、とはどういうことか

もしあなたが完璧主義者であるとしたら、あなたはその完璧主義と、どのようにつきあっていけばよいのでしょうか。ご自身が「自分は完璧主義者である」と思っていても、まったく問題はない、とても適応的に生きている、というのであれば、本章を読み進める必要はありません。私としては、そうした人はすでに完璧志向にシフトされている人と予想します。

一方、完璧主義による不適応的な側面が強く現われ、毎日いらいらしたり、沈み込んだりして生きるのがつらいというのであれば、第2章で説明した自己志向的完璧主義をもたらすおもな原因に対してできる範囲で対処すること、そして第1章で説明した自己志向的完璧主義から完璧志

向へ移行すること、によって適応的に生きられるようになるものと考えます。

本章ではこうした考え方で、自分でできる、いわゆるセルフヘルプの対処方法について説明します。なお、強迫性障害等の精神疾患によって完璧主義が生じることもあります。そうしたことが疑われる場合には、専門の医師による治療が必要となりますので、その際は専門機関を受診してください。

完璧主義と完璧志向のプロフィールを作る

前章では、質問紙法によって、完璧主義あるいは完璧志向の程度を評定する尺度を紹介しました。あなた自身についての結果はいかがでしたでしょうか。ここではまず、その結果を振り返り、完璧主義あるいは完璧志向についての「プロフィール」を作ります。じつは、プロフィールを作成することによって、現在の完璧主義あるいは完璧志向の状態が一目瞭然でわかりやすく表示されるほか、どのような面での改善が必要であるかも明らかになります。ここでのプロフィールの内容はおもに表1－1に沿って作りました。

まずは完璧主義のプロフィールを作成します。表5－1に掲載されている1～8の各問に対して、自分がもっともよくあてはまると思う数字に○をつけてください。

それができましたら、つぎに、完璧志向のプロフィールを作成します。表5－2に掲載されて

表5-1　完璧主義のプロフィール

●つぎの1～8の各問に対して，自分がもっともよくあてはまると思う数字に○をつけてください。

●選択肢の意味
「まったくあてはまらない (1)」「あてはまらない (2)」「あまりあてはまらない (3)」「どちらともいえない (4)」「少しあてはまる (5)」「あてはまる (6)」「非常にあてはまる (7)」

◆自己志向的完璧主義

(前提として)

1	すべてのことに完璧を求めている。	1－2－3－4－5－6－7
2	いつも完璧でなければならない。	1－2－3－4－5－6－7

(要点として)

3	いつも高すぎる目標を設定している。	1－2－3－4－5－6－7
4	自己評価が厳しすぎる。	1－2－3－4－5－6－7
5	失敗するのではないかといつも恐れている。	1－2－3－4－5－6－7
6	他者の評価がすごく気になる。	1－2－3－4－5－6－7

◆他者志向的完璧主義

7	他者に完璧を求めてしまう。	1－2－3－4－5－6－7

◆社会規定的完璧主義

8	周囲の人から自分は完璧でなければならないと思われている。	1－2－3－4－5－6－7

いる1～8の各問に対して、自分がもっともよくあてはまると思う数字に○をつけてください。

それらが終わりましたら、自己志向的完璧主義あるいは自己志向的完璧志向の評定結果について、○をつけた数字をつないでみてください。そうするとそれぞれの特徴がわかります。すなわち、どのような面で自己志向的完璧主義（あるいは自己志向的完璧志向）が高いのか低いのかが把握できます。自己志向的完璧主義のプロフィールが右寄りであれば、おそらくは何らかの問題が生じていると判断できます。一方、完璧志向のプロフィールが右寄りであれば、現実的に完璧を求めておりほぼ適応的であると判断できます。

また、他者志向的あるいは社会規定的完璧主義と、他者志向的あるいは社会規定的完璧志向については、真ん中の点である4点からみて、どちら側に偏っているかで、その程度がわかります。

いずれの問いにおいても、右側の7点のほうに寄っていれば、完璧主義あるいは完璧志向の当該の傾向が高いということを自覚していることですので、不健全な完璧主義の傾向をできるだけ減じて、健全な完璧志向の傾向をできるだけ高めるように、心がけることが必要です。

結果はいかがでしたでしょうか。自分のプロフィールをみて、完璧主義を改善して完璧志向に近づけたいという気持ちが起こりましたか。ぜひ改善したいと思ったのであれば、次節に進んで改善策を試してください。一方、改善したい気持ちはあるけれども十分ではなく、具体的な行動にはふみ切れないという場合は、「自己志向的完璧主義とうまくつきあう――ユニークな方法」

表5-2　完璧志向のプロフィール

●つぎの1～8の各問に対して，自分がもっともよくあてはまると思う数字に○をつけてください。

●選択肢の意味

「まったくあてはまらない（1）」「あてはまらない（2）」「あまりあてはまらない（3）」「どちらともいえない（4）」「少しあてはまる（5）」「あてはまる（6）」「非常にあてはまる（7）」

◆自己志向的完璧志向

（前提として）

1 限定されたことに完璧を求めている。	1－2－3－4－5－6－7
2 することはできるだけ完璧でありたい。	1－2－3－4－5－6－7

（要点として）

3 達成可能な範囲で高い目標を設定している。	1－2－3－4－5－6－7
4 出来栄えをしっかり自己評価している。	1－2－3－4－5－6－7
5 失敗を恐れないで挑戦している。	1－2－3－4－5－6－7
6 他者の評価はあまり気にしない。	1－2－3－4－5－6－7

◆他者志向的完璧志向

7 他者の状況に配慮して完璧を求めることがある。	1－2－3－4－5－6－7

◆社会規定的完璧志向

8 周囲の人からは重荷にならない程度に完璧を期待されている。	1－2－3－4－5－6－7

の節（146頁）にスキップして、改善行動への動機づけをさらに高めてください。そこでは、「動機づけ面接」（Miller & Rollnick, 2002　松島・後藤訳　2007）というカウンセリングの手法を取り入れて、改善行動への動機づけを高める工夫が示されています。

自己志向的完璧主義とうまくつきあう――原因にアプローチする対処法

本節では、第2章で説明した自己志向的完璧主義をもたらすいくつかの原因のうちから、自分で対処できそうな三つの原因（不安定なアタッチメント、他者に有能さを認めてもらうこと、現代的なプレッシャー）を取り上げ、その対処法についてまとめます。

(1)不安定なアタッチメントへの対処法について

本書ではこれまで、幼少期に不安定なアタッチメントが形成されると、①母親（主たる養育者）から愛されていないのではないかという不安が生起し、その結果、②母親から愛されたいという愛情欲求が強くなるが、③それは代替的にしか充足できないため、母親によくできたと承認されること（≒愛されること）を求めるという経緯で、完璧主義が形成されることを説明してきました。もちろん、これは原因のひとつです。

したがって、こうした経緯で完璧主義が形成された場合は、愛情欲求を代替的に充足する手段として「よくできること」、すなわち物事を完璧に達成することを求めるわけですから、直接的に愛情欲求を充足してくれる他者ができれば、基本的には完璧主義に強く依存する必要はなくなります。もちろん、成長・発達の過程で、完璧主義が強化されることは十分に考えられます（たとえば、完璧に物事を達成することによって有能感が高まり、有能感を高めるために完璧主義が強化されていく、など。このことは⑵で説明します）ので、愛情欲求の充足だけですべての完璧主義が改善されるわけではありませんが、それでも一定の効果はあります。

アタッチメントは、最初は母親をおもな対象としていますが、成長・発達とともにその他の人たちにも広がります。したがって、母親以外の他者との間に安定したアタッチメントを形成することができれば、理不尽な完璧主義から脱することができます。子どもであれば、祖父母や保育園・幼稚園の保育者、学校の教師やカウンセラー、それに友だちも対象になるでしょう（村上・櫻井　2010, 2014）。高校生以上であれば、さらに恋人やパートナーも挙げることができます。無条件に自分を愛してくれる他者ができれば、愛情欲求の呪縛から解放されるのです。

ところで、安定したアタッチメントが形成されると、困ったときにはその対象を中心にして周囲の人に助けてもらうこと、すなわち「ソーシャル・サポート」が受けやすくなります。じつは、このソーシャル・サポートと完璧主義の関係について興味深い研究が報告されています。羽吹（2006）の大学生を対象とした面接調査によると、自己志向的完璧主義傾向は高いが抑うつ傾向は低いという（適応的な）大学生には「よい相談相手、よいサポーター」がいること、一方、自己志向的完璧主義傾向が高く抑うつ傾向も高い（不適応な）大学生には、そうしたよき相談相手やサポーターはおらず、そうした人たちを求めていることが明らかになりました。すなわち、自分を支えてくれる存在の有無で、完璧主義が不適応をもたらすか、あるいは適応をもたらすかが決まるようなのです。おそらく、自分を支えてくれる人がいることで、完璧主義によってもたらされるストレスが緩和されると考えられます。

さらに、中川（2015）は、調査研究によって、ソーシャル・サポートのうちでも助言やなぐさめといった情緒的・間接的なサポートが、自己志向的完璧主義がもたらす抑うつ傾向等の不適応を緩和することを明らかにしました。この研究結果で重要な点は、課題そのものの達成を援助するような道具的・直接的なサポートではなく、なぐさめを代表とするような情緒的・間接的なサポートが功を奏するという点です。それには、つぎのような理由があると考えられます。自己志向的完璧主義には、プロフィールの4自己評価が厳しすぎる、6他者の評価がすごく気になる、という要素がありますので、このような要素が働いていても順当に有能感や自尊感情（プライド）が維持されるためには、自力で達成すること、すなわち直接的な他者の助けなしで課題を達成することが大事になると予想されます。それゆえ、道具的・直接的なサポートではなく、情緒的・間接的なサポートのほうが有効なのです。

こうした研究によって、自分を情緒的に（安定したアタッチメントがあるように）あたたかくサポートしてくれる他者がそばにいれば、自己志向的完璧主義のネガティブな効果は緩和されることが実証されました。たとえ幼少期に母親との間に安定したアタッチメントが形成されなかったとしても、その後、周囲の人と安定したアタッチメントを形成することができれば、自己志向的完璧主義は改善されると期待できます。もちろん母親との間に、新たに安定したアタッチメントが形成できれば、それに越したことはありません。

(2)有能さを認めてもらうために完璧を求めることへの対処法について

課題や仕事を完璧にこなせば、当然よい成績や業績をあげることができ、周囲の人からも高く評価されます。自分が有能でありたいとがんばることは悪いことではありませんが、それにしても完璧を極度に求めると、予期せぬうちに完璧主義になってしまうでしょう。ただ、ご自身の健康を害してまで完璧を求めるかどうかは価値観の問題ですので、本人が判断するしかありません。私なら、大事な事態は別として、通常は体調を崩してまで完璧を求めることはしません。

ただ、厄介なのは、よい成績や業績をあげて〝他者に認められたい〟という心理のほうです。スポーツの大会では一等賞を取れば、それで能力があることが実証され、他者からも高く評価されますが、たとえば、文学や心理学の世界では、作品や論文が優秀であるかどうかは他者が判断するわけですから、有能であるかどうかは他者の評価に依存します。一般の課題や仕事の評価でも、こうした他者による評価が多いのではないでしょうか。したがって、他者に認められることは必要であるのかもしれませんが、あまりに他者の評価を気にするようになると、他者（評価者）の目を気にして作品を作ったり、他者の意向ばかりを気にして論文を書いたりするようになり、本人の〝自律性〟が侵されてしまいます。この点は6他者の評価がすごく気になる、でも論じます。私は長いあいだ動機づけの研究をしていますが、この自律性（自分のことは好んで自分で決めること）を大事にしており、自律性が失われることを好みません。これは個人の尊厳にかかわる問題だと考えています。したがって、他者に認められるよりも、自分が納得できる研究をすることを第一として研究をしてきました。もちろん、評価されるとうれしいことには違いありません。

どうでしょうか。「有能になりたくて完璧主義を貫く」「有能であることを他者に認められたくて完璧主義を貫く」は、いずれも本人の価値観の問題であり、何が大事かをよく考えて本人が判断し、どうするかを決めるしかないと思います。

(3)現代的なプレッシャーが完璧主義を強めることへの対処法について

現代的なプレッシャーはたくさんありますが、第2章では三つほど挙げました。これらへの対応について説明します。

一つめは子どもへのプレッシャーで、よい（偏差値の高い）学校に進学しなければよい生活が送れないというプレッシャーです。よい学校に進学するためには、与えられた課題をできるだけ完璧にこなし、できるだけよい点を取ることが求められます。

二つめは社会人へのプレッシャーで、より多くの仕事を完璧にしなければならないというプレッシャーです。労働力人口の減少にともない、職場で受け持つ仕事が以前よりも増えてきており、さらにミスをカバーしてくれる人も少ないため、できるだけ完璧に仕事をしなければ効率が悪いという状況になっています。また、電子機器やＩＣＴの進歩によって、いつもミスは許されないという状況もプレッシャーを強くしています。

三つめはおもに母親へのプレッシャーで、少ない子ども（ほぼ一人）をしっかり育てなければならないというプレッシャーです。現在の経済状況では、若いカップルが何とか安心して育てられる子どもの数はかぎりなく一人に近づいており、その子を間違いなく立派に育てなければならない状況にあります。

こうしたプレッシャーによって、子どもも社会人も母親も、学業や仕事や子育てに対して完璧を求められる状況になっています。こうしたプレッシャーを軽減し、完璧主義におちいらないようにするにはどうしたらよいのでしょうか。新たな行政的な施策によって、こうしたプレッシャーを軽減してくれればよいのですが、現状ではあまり望めないように思います。

私はいずれの場合も、話を聞いてくれたり、相談に乗ってくれたりするような、親身になってサポートをしてくれる人がいること、それがもっとも効果的であると考えています。子どもの場合には、親がまずよき相談相手になること、さらに子どもが良好な友人関係を形成し友人と相談できるように援助すること、などが重要ではないでしょうか。

社会人の場合には、職場での仕事仲間との関係を良好なものにすること、職場の仕事と関係のない友人をつくり相談相手になってもらうこと、母親の場合には子育てのことで相談できる人（夫や自分の親や先輩格のお母さんなど）をつくること、などが大事であると考えます。

自分にとって信頼できる人に、繰り言（愚痴）を聞いてもらえるだけでもプレッシャーは軽減され、完璧主義が高じて不適応におちいることは避けられます。

ただ、気になることがひとつあります。それは、齋藤ら（2009）によると、自己志向的完璧主義傾向の高い人たちは対人関係があまり良好でないことです。おそらく幼少期に安定したアタッチメントが形成できなかった人たちがあてはまると思われますが、そうした人たちには、他者を信頼できないところがあり、対人関係を築くのが苦手で、まわりの人たちのなかに自分をサポートしてくれる人をなかなかつくれないと思うのです。親切な人や気心の通じる人に出会うことを期待すると同時に、基本的には、子どもの場合は親（養育者）、社会人の場合は家族や同僚、母親の場合は夫や両親などにある程度の責任をもって対応してもらえるとよいと思います。

自己志向的完璧主義とうまくつきあう——プロフィールに基づく対処法

本節では、先に作成したプロフィールに沿って、対症療法的な方法にはなりますが、問題となる側面を意図的に変容する方法について、表5－1の1～6の問いに沿って、説明します。

なお、自己志向的完璧主義を改善するには、基本的に自己志向的完璧志向への移行をめざすことが大切です。すなわち、〝理想的ではあるが非現実的な〟自己志向的完璧主義から、〝現実的で適応的な〟自己志向的完璧志向へ移行すること、もっと端的にいえば、自己志向的完璧主義の現実化（完璧主義を現実的なものにすること）を行うことになります。その際のおもな対処として、認知（ものの見方や考え方）の変容が求められます。ここでは自分で行う（セルフヘルプの）認知の変容方法を紹介しますので、本人に改善の意欲があることが前提となり、もし意欲が低下すれば改善には限界があることをご理解ください。

1すべてのことに完璧を求めている

自己志向的完璧主義の前提のひとつとなるのが「すべてのことに完璧を求めている」ということです。このことを文字通り実行しようとすればたいへんな努力が必要で、通常は実現不可能な場合が多いと考えられます。したがって、適応的・現実的に対処するとしたら、自己志向的完璧志向に示されている「限定されたことに完璧を求める」ことに修正する必要があります。それでは、具体的にどうすればよいのでしょうか。もっとも代表的な対処は〝することに優先順位をつけること〟です（Szymanski, 2011　小林訳　2013）。

たとえば、上司から複数の仕事の依頼を受けたとします。そのような場合には、締め切りや重要度、さらにはもしもの場合に手伝ってもらえる人の都合なども考慮して、どの業務から片付けるのか、順位をつけて処理をしていけばよいと思います。また大学生の就職活動では、就職を希望する会社から求められる多くの課題をこなしたり、会社訪問が必要となったりしますが、そのような状況では自分がどの会社にどのくらい入社したい気持ちがあるのか、スケジュール面で会社訪問する都合がつけられるかなどを考慮して優先順位をつけたうえで、課題をこなしたり会社訪問をしたりすればよいでしょう。

2 いつも完璧でなければならない

完璧主義のもうひとつの前提である「いつも完璧でなければならない」という点については、〝いつも～でなければならない〟という部分が問題といえます。これはエリスがいう「不合理な信念」（国分 1980）にあたります。後述の5の失敗恐怖とも関連しますが、いつも完璧にできることなど、だれにもできません。そこで、適応的・現実的に対応するには、完璧志向に示されている「することはできるだけ完璧でありたい」に修正する必要があるでしょう。できるだけ完璧を求めるけれど、完璧が無理な場合には九〇％あるいは八〇％の出来栄えでよしとし、次の機会はもっと完璧に近づけるようにがんばる、というような流れで対応すればよいのです。このような対応によって、完璧でないこと（不完全であること）にこだわることが少なくなり、つぎの機会には気持ちを切り替えて目標の達成に向けて挑戦できると思われます。なお、強迫的に〝いつも～でなければならない〟という考えをもっている場合（すなわち、そのことが頭から離れず反芻するような場合）には、専門の医師の診察を受けたほうがよいでしょう。

③いつも高すぎる目標を設定している

完璧主義の要素のひとつである「いつも高すぎる目標を設定している」という点については、こうした目標がいつも達成されるのであればほんとうに驚異的であり、周囲の人からもとても高く評価されるでしょうが、そうしたことは夢のまた夢でしょう。理想に近づくために努力をすることは素晴らしいことですが、目標設定は現実的であることが重要です。そうでなければ、いつも目標が達成できないまま失敗に終わることになりかねません。つまり、完璧志向に示されている「達成可能な範囲で高い目標を設定する」ことが望ましいのです。そして、設定された目標に対してそれ以上の成果が出せれば大成功といえますので、高い有能感を得ることができるでしょう。私の祖母なら、お赤飯を炊いて祝ってくれたかもしれません。

たとえば、どんなにテニスが得意な高校生でも、すぐに国体などで優勝することは稀であり、さらにオリンピックに出場するようなことは夢のまた夢といえます。自分の現在の力をしっかり認識し、国体での優勝やオリンピック出場は理想の目標（あるいは将来的な目標）としてもちつつ、より現実的な県大会における優勝を目標としてがんばることが望ましいと思います。完璧主義の人のなかには、現実を直視できない人も多いので、その点は注意が必要です。

また、経験的には、現在の自分が過去の自分よりも伸びること、すなわち成長することを望むときよりも、他者との競争によって自分が他者よりも上位になること、すなわち優越することを望むときのほうが、こうした高すぎる目標を設定しがちです。先の例でいえば、ライバルよりも勝りたいという気持ちが強すぎるために、国体で優勝するというような突拍子もない目標を掲げてしまうことが起きるのだと思います。高すぎる目標が競争事態において設定されやすい、ということを承知しているとよいでしょう。さらに可能であれば、監督やコーチがこうした事態での部員の気持ちを受けとめ、適切な目標が設定できるように指導・助言することも重要と思います。

4 自己評価が厳しすぎる

自己志向的完璧主義の二つめの要素である「自己評価が厳しすぎる」という点については、完璧志向にある通り、出来栄えをしっかり評価する必要はありますが、評価が厳しすぎるとほとんどの目標は達成されないこと（失敗）になるため、結局のところ、失敗ばかりがつづき不適応におちいることになりかねません。失敗それ自体は悪いことではありませんが、どんなに努力しても必ず失敗してしまうというのでは無気力におちいってしまいます。経験的には八〇～九〇％程度の出来栄えのところで、今回はこれで〝準成功〟などと判断し、達成できなかった部分についてはつぎの機会にがんばってクリアできればよい、というような柔軟な対応ができるとよいのではないでしょうか。こうした長期的な視点をもった対応ができれば、徐々に目標の完璧な達成に近づけると思われます。おそらく、〝職人気質〟といわれる完璧主義（完璧志向）はこのようなものではないでしょうか。

さてここまで説明してくると、悲しいかな、完璧主義の人には、自分に厳しくして〝自分をいじめている〟、あるいはもっとふみ込んだ言い方をすれば〝自分をいじめて自虐的に楽しんでいる〟ところがあるように思えてきます。他者に無条件に愛されない人間はいじめられて当然、というような心理が働くのでしょうか。安定したアタッチメントを形成することの重要性をあらためて思い知らされたように感じますが、いかがでしょうか。自分に厳しすぎる点については、つぎの5の失敗恐怖のところで、その対処法を含め再度説明します。

5 失敗するのではないかといつも恐れている

自己志向的完璧主義の三つめの要素である「失敗するのではないかといつも恐れている」というのは、極度の〝失敗恐怖〟のことであり、いつも失敗するのではないかとおののいている状態といえます。この状態では、落ち着いて課題や仕事をすることができません。与えられた課題は失敗が恐ろしくて先延ばしをする可能性がありますし、新規の企画については失敗が怖くて手が着けられないことさえあります。

完璧志向で示されている「失敗を恐れないで挑戦できる」状態にもち込むためには、〝失敗はだれにでも起こること〟、それゆえ、恐れる必要はなく、もし失敗をしたらそこから学び（失敗は成功のもとと考えて）再挑戦すればよい、という気持ちになることが必要ですが、実感としてはこれが相当にむずかしいことだと思われます。

どうすればよいのでしょうか。最近の心理学の研究をみると、〝失敗はだれにでも起こること〟を「共通の人間性」のひとつととらえ、共通の人間性であることを重視して、自分への思いやりを大事にする「セルフ・コンパッション」（Neff, 2011　石村・樫村訳　2014）という概念が提唱されています。先に述べたように、私は多くの自己志向的完璧主義者には自虐的な面があると考えていますが、セルフ・コンパッションはこうした面とは真っ向から対置される概念となっています。セルフ・コンパッションは失敗恐怖、ひいては自己志向的完璧主義を改善するために有効であることが示唆され、セルフ・コンパションを高める方法も提案されています（Neff, 2011）ので、ここで少し詳しく説明したいと思います。

セルフ・コンパッション（self-compassion）は、単語の成り立ちからすると、セルフ（自己に対する）とパッション（思いやり、同情）の合成によって作られた単語であり、日本語では「自己への慈しみ」や「自分へのやさしさ」と訳されます。わが国の心理学ではカタカナ書きのまま使うことも多いようです。ネフ（Neff, 2011）や有光（2014）によれば、セルフ・コンパッションとは「苦痛や心配を経験したときに、自分に対する思いやりの気持ちをもち、そうした否定的な経験を人間に共通のものとして認識し、苦痛に満ちた考えや感情をバランスがとれた状態におくこと」と定義されます。

上記の定義にも含まれていますが、セルフ・コンパッションは三つの要素で構成されます。それは、①自分へのやさしさ、②共通の人間性、③マインドフルネス、の三つです。「自分へのやさしさ」とは、他人に優しくするのと同じように自分にも優しくすることで、より具体的にいえば、友人や家族に好きではない面（短所）があったとしても、私たちはその友人や家族を嫌いにならないように、自分の短所もそのように受け入れて自分にやさしく接することをいいます。「共通の人間性」とは、たとえば、人間はだれもが完璧ではなく時には失敗をすることもある、というような信念を人間に共通なこととして認識することをいいます。そして「マインドフルネス」とは、感情や思考にとらわれず目の前のことに集中すること、より具体的にいえば、いまの経験に対していらいらしたり、不安な気持ちにとらわれたままで判断したりせず、まずはいまの自分の感情や思考を受け入れ、目の前の大事なことに集中することです。マインドフルネスについては、最近マスコミでもよく取り上げられていますので、ご存じの人も多いのではないでしょうか。詳しくお知りになりたい場合は、山口（2017）、貝谷ほか（2016）、藤井（2013）などをお読みください。なお、セルフ・コンパッションを測定するスケールも開発されています。興味をもたれたら有光（2014）や宮川・谷口（2016）をご参照ください。

ここまで説明してくると察しのよい読者にはわかると思いますが、二番めの要素である「共通の人間性」として〝人間はだれもが完璧ではなく時には失敗することもある〟という考えを受け入れることによって、自己志向的完璧主義は完璧志向へと修正できるものと考えられます。実証的な研究として、私の指導のもとで卒業研究を行った山村（2018）によると、大学生を対象にした場合、自己志向的完璧主義の代表的な要素である「失敗恐怖」が高くても、セルフ・コンパッションが高い大学生は、低い大学生よりも適応感が高いことが示されました。すなわち、セルフ・コンパッションを高めることによって自己志向的完璧主義による不適応を軽減できる可能性が示されたのです。

ちなみに、セルフ・コンパッションがもたらす効果としては、①先延ばしをしなくなる、②完璧主義でなくなる、③他者を思いやれる（共感性）ようになる、④幸福感、自尊感情、人生満足度などが高まる、などが挙げられています。自己志向的完璧主義への対処法としては、セルフ・コンパッションを高める方法がとくに有望であると思います。

それでは、セルフ・コンパッションを高める方法にはどのようなものがあるのでしょうか。ここでは三つを簡単に紹介しますが、詳しいことはネフ（Neff, 2011）やその他の著書を参照してください。

失敗したり不快な感情が生じたときには、①セルフ・コンパッションフレーズ（「今の私は心に苦しみを感じている」「自分の苦しみは特別なものではなく、すべての人に共通だ」「私は自分に優しくできる」）を唱えること、②セルフ・ハギング（自分を抱きしめること）をすること（セルフ・ハギングをすると、オキシトシンという愛情を深めたり心の癒しをもたらしたりするホルモンが分泌され、安全・安心の感覚が増し、苦しみが和らげられ、ストレスが低減される）、

③コンフォートカードに記入すること（失敗したり自分に批判的になったりしたときに、その内容を茶色のカードに記入し、それに対するやさしいことばや励ましのことばをカラフルなカードに記入すること）、などがあるようです。

自己志向的完璧主義の場合には、失敗したときや自身の完璧主義で悩んでいるときにこうした対処をすることが有効であり、さらにこうした対処を繰り返すことによって安定したセルフ・コンパッションが培われると思われます。

ただ、セルフ・コンパッションの有効性は理解できますが、重要な他者（とくに母親）から愛されていない（やさしくされていない）という経験をもつ自己志向的完璧主義傾向の高い人にとって、自分にやさしく思いやる心をもつことには相当の努力が必要でしょう。この方法は、試みる価値は十分にあると思いますので、実践する場合はくれぐれも強い意志をもって臨んでください。

6他者の評価がすごく気になる

自己志向的完璧主義の四つめの要素である「他者の評価がすごく気になる」というのは、他者に否定的に評価されるのではないかと、とても心配になることをいいます。これは承認欲求がきわめて高く、他者に素晴らしいと認めてもらわないと自尊心（自尊感情ともいう）が下がってしまうことと関係しています。自分の自尊心の高さが他者の評価と強く連動しているわけです。ということは、主体性がないということでもあります。

本来、人間は他者に踊らされて他律的に生きることを好みません。その意味で、このような評価懸念を払拭し、自己志向的完璧志向のように「他者の評価はあまり気にしない」ようになることが重要です。ただ、他者の評価にまったく耳を貸さないと独りよがりになりますので、ある程度は参考にしながら、他者の評価に振り回されないことが大事です。

現実的には、信頼ができて自分をサポートしてくれる身近な人をみつけて、その人の評価を参考にしながら、自分で自分をきちんと評価し自尊心を維持していくことがよいと思います。

なお、他者の評価を気にすることは、人間にとってはあたりまえのことでもありますので、セルフ・コンパッションにおける「共通の人間性」として受け入れ、自分にやさしくすることで解消できます。どちらの方法でもかまいませんが、他者の評価に依存しないようになれば大丈夫です。

自己志向的完璧主義とうまくつきあう——ユニークな方法

これまでは、どちらかといえば、自覚的（意図的）に自分の認知（ものの見方や考え方）を変えることによって、すなわち自己志向的完璧主義的な認知から完璧志向的な認知へと認知をシフトすることによって、自己志向的完璧主義の人をより適応的な完璧志向の人へと変える方法を説明してきました。しかし、自分で意図的にこのような変容をめざすことはそう簡単ではありません。強い意志が必要です。

「メリットとデメリットを比較し納得して実践に向かう方法」について

そこで、以下ではシマンスキー（Szymanski, 2011　小林訳　2013）を参考に、「変えるほうがよいとわかってはいるけれど変えることはむずかしい、それでもなお、変える価値は十分あると思うからがんばる」と、強い意志をもって改善に向かえる方法を紹介します。ここでは「メリットとデメリットを比較し納得して実践に向かう方法」と命名しました。

まず、ご自身の（自己志向的）完璧主義による結果について考えてみましょう。これまでの経験を振り返ってみると、完璧主義によるよい成果（メリット、見返り）も、悪い結果（デメリット、負担）もあったと思いますが、いかがでしょうか。まず、これらを比べてみることにしましょう。

表5－3はシマンスキー（Szymanski, 2011）に掲載されている表を参考にして、私が作成した完璧主義のメリットとデメリットの一覧表です。やや抽象的ではありますが、メリットとしては、達成感があった、緊張感が解けた、他者から高く評価された、というようなことがあると思います。一方、デメリットとしては、自己嫌悪になった、無能感を感じた、つぎも失敗しないかとさらに不安が高まった、というようなことがあると思います。そこで、ざっと表5－3に目を

通してください。

そしてつぎに、この〝半年くらいの経験〟から、ご自身の完璧主義によるメリット（よい成果）とデメリット（悪い結果）について思い出し、表5－4（メリットの表）と表5－5（デメリットの表）に具体的な内容を記入してみてください。それぞれの表に一つずつ例が示されていますので、それも参考にしてください。たくさんある場合は別の紙を用意して書き出されても大丈夫です。

それらができたところで、つぎは、メリット（よい成果）とデメリット（悪い結果）の量を比べてみましょう。表5－4と表5－5を基にして、表5－6を作成します。細かく比べることはむずかしいと思いますが、できるだけ事実に基づいて比較をし、完璧主義が報われる割合（メリットの％）と完璧主義が逆効果になる割合（デメリットの％）を算出してください。最後に、二つの割合を足して一〇〇％になるかどうかを確認してください。

そして最後に、その結果をよくみてください。完璧主義が報われる割合のほうが大きいならば、いまの完璧主義の状態を大きく変える必要はありません。おそらく、すでに完璧志向にシフトしていると考えられます。一方、完璧主義が逆効果になる割合のほうが大きければ、いまの完璧主義の状態を変える必要があります。こうした科学的な分析によって、ご自身の完璧主義を変えるほうがよいのか、それとも変えなくてもよいのか、その結果が示されたわけですから、今後はこうした結果をしっかり受けとめ、改善が必要であれば覚悟をもって臨んでください。

表5-3　完璧主義によるメリットとデメリット
（Szymanski, 2011を基に作成）

メリット（見返り）：目標が達成された場合
●常時：がんばろうという意欲が高い。

①達成感がある

②満足感がある

③有能さ（自信）を感じる

④緊張感が解ける

⑤一時的に，ミスをしないかという不安が解消される

⑥他者から高く評価される

⑦他者から注目される

⑧他者から頼りにされる

デメリット（負担）：目標が達成されなかった場合
●常時：ミスをしないか不安（恐怖），高い緊張感やストレスがある，評価懸念が高い

①自己嫌悪になる（自己批判をする）

②失望感を感じる

③無能感を感じる

④つぎも失敗しないかと不安が高まる

⑤他者から低く評価される

⑥他者から頼りにされなくなる

⑦疲労感を感じる

⑧自尊心が低下する

⑨新しいことに挑戦できなくなる

⑩締め切りが怖くなる

注）「常時」というのは，目標を達成しようとしているときを含む。

表 5-4　完璧主義によるメリット（記述用紙）
（Szymanski, 2011 を基に作成）

つぎの領域で，あなたの完璧主義はどのようなメリットをもたらしますか。

●職場（仕事）あるいは学校（学業）
・（例）定期試験のために綿密な計画を立てて試験勉強をした結果，予想よりもよい成績が取れて満足した。
・
・
・
・
・

●人間関係（家族，友人，恋人〈パートナー〉，同僚）
・
・
・
・
・

●健康（身体的，精神的）と外見
・
・
・
・
・

●その他（家事，子育て，趣味，娯楽など）
・
・
・
・
・

表5-5　完璧主義によるデメリット（記述用紙）
（Szymanski, 2011を基に作成）

つぎの領域で，あなたの完璧主義はどのようなデメリットをもたらしますか。

●職場（仕事）あるいは学校（学業）
・（例）A社との契約を成立させたいと尽力したが，契約寸前に書類にミスが見つかり，急きょ訂正しようとしたが時間がかかりすぎ，契約は見送られてしまった。無能感を感じた。
・
・
・
・
・

●人間関係（家族，友人，恋人〈パートナー〉，同僚）
・
・
・
・
・

●健康（身体的，精神的）と外見
・
・
・
・
・

●その他（家事，子育て，趣味，娯楽など）
・
・
・
・
・

表 5-6　完璧主義によるメリットとデメリットの比較
（Szymanski, 2011 を基に作成）

つぎの領域で，あなたの完璧主義によるメリットとデメリットを比べてみましょう。

	完璧主義が報われる割合：メリットの割合（%）	完璧主義が逆効果になる割合：デメリットの割合（%）
●仕事あるいは学業		
[仕事あるいは学業の内容]		
・（例）受注契約	30 %	70 %
・		
・		
・		
●人間関係		
・家族		
・友人		
・恋人（パートナー）		
・同僚		
●その他		
・身体的健康		
・精神的健康		
・家事		
・子育て		
・趣味・娯楽		

●これまでの経験から利用したほうがよいという方法について

前に述べた方法によってご自身の完璧主義を変えると判断した場合は、その判断を着実に実行に移す必要があります。そこで、着実に成果をあげるためのアドバイスをします。

私は三年前に還暦を迎えましたが、六〇余年に及ぶこれまでの人生では、それなりに自己変容を行ってきました。成功あり、失敗ありの自己変容でしたが、そうした過程でわかったことやシマンスキー（2011, 2013　訳書）の記述を参考にして、三つのアドバイスをします。

一つめは、完璧主義を変えると決めたら、それを信頼できる人に宣言することです。自分で決めてひとりで実施していると、大きな困難に出会ったときに脱落することが多いようです。それを阻止するために、意図的に信頼できる友人などに宣言するとよいでしょう。宣言するとそう簡単にはやめることができません。なお、二〇一九年春のイチローの現役選手の引退宣言で彼は「ことばにして表現することが、目標に近づく一つの方法である」とコメントしたそうですが、このコメントはおそらく〝有言実行〟という意味で、私のアドバイスと同じことをいっていると思います。

二つめは、完璧主義の何を変え、どのようにしたいかを短い文章にして紙に書き、それをよく見える場所に貼っておくことです。昔からあるポピュラーな方法ですが、効果的だと思います。現在は、紙に書いて貼らなくても、スマホなどの電子機器を使って同じ効果が出るように工夫してもよいでしょう。文章の例としては、「失敗しても挑戦し続ける」「他者が何をいっても自分は自分の力を信じる」「すべてのことが完璧でなくてよい」など。

三つめは、一つめの方法と関連しますが、完璧主義を改善すると決めたら、その改善の様子（経過）をできるだけ定期的に信頼できる人に報告することです。改善はスモール・ステップで進んでいきますので、それを確認し自分を鼓舞して最後まで確実に実行するためには、こうすることがベターであると思います。また、うまく進んでいないときには慰めてもらったり、アドバイスをもらったりすることもできます。

なお、一つめおよび三つめの方法では、自分で判断して行っているとはいえ、自力での改善ではなく、信頼できる他者を巻き込んでの改善ということになります。結局、サポートしてくれる他者の存在はとても大きいと思います。

他者志向的完璧主義とうまくつきあう

完璧主義のプロフィール（表5－1）における他者志向的完璧主義（7）の得点と、完璧志向のプロフィール（表5－2）における他者志向的完璧志向（7）の得点をみて、前者が極端に高かったり、前者と後者を比べて前者のほうが高かったりした場合には、完璧志向への移行（改善）を試みることが必要です。

7 他者に完璧を求めてしまう

ほとんど意識せずにきわめて安易に「他者に完璧を求めてしまう」ようであれば、一度、その行為の意図を確認し、なぜそうするのかを〝意識して〟、他者に完璧を求めるようにすることが重要だと思います。

たとえば、会社の仕事で、上司が部下にその仕事を完璧に仕上げるよう指示する場合を想像してください。上司の命令として部下にそうした仕事を振り分けるにしても、部下のそのときの他の仕事の状況を確認することもなく、ただ〝あたりまえだから〟といったような気持ちで安易に仕事を振っていたら、それは問題です。部下の仕事に対するキャパシティには限界があります。状況を把握し、仕事を振っても大丈夫であると確認したうえで、「頼むよ」といって振るようにしましょう。そうした場合において部下は、上司は何も考えずに、あるいはパワーハラスメントのように仕事を振っているのではなく、自分のことを考えてくれたうえで振っている、と思えるでしょう。それゆえ、その仕事が少々たいへんでも精を出してがんばることができます。しかし、そうした対応がないままに振られた場合には、上司は横暴である、下心があるに違いない、というような受け取り方をされても仕方がないと思います。その仕事がうまく処理されるかどうかはこうした対応にかかっているのです。

要するに、部下のことをしっかり考え、思いやりをもって仕事を振る、ということが大事です。具体的にいえば「他者の事情を配慮して完璧を求める」あるいは「他者のためを思って完璧を求める」といった対応がよいのではないでしょうか。また、いざというときのために、部下を援助できる体制や雰囲気を部内や課内につくっておくことも有効であると思われます。

こうした配慮ができるようになるには、先に紹介したセルフ・コンパッションを高める訓練も効果的です。

社会規定的完璧主義とうまくつきあう

他者志向的完璧主義や他者志向的完璧志向と同様、プロフィールにおける社会規定的完璧主義（表5－1の8）の得点と社会規定的完璧志向（表5－2の8）の得点をみて、社会規定的完璧主義の得点がかなり高かったり、二つの得点を比べて社会規定的完璧主義の得点のほうが高かったりした場合には、完璧志向への移行（改善）を試みる必要があります。

8周囲の人から自分は完璧でなければならないと思われている

ご自身が「周囲の人から自分は完璧でなければならないと思われている」と強く思えるようであれば、ほんとうにそうなのか、信頼できる友人に相談してみることをおすすめします。友人のカウンセラーから聞いた話ですが、こうした場合、多くの人はそう思い込んでいるだけで、周囲の人はそうは思っていない、ということでした。さらに、特別なケース（たとえば、大きな期待が寄せられているような作家や俳優など）ではそういうこともあると思いますが、たとえそうであったとしても、それを鵜呑みにして、自分にプレッシャーをかけ、自分は完璧に課題や仕事をこなさなければならないのだ、と思い込む必要はないのです。

もっと気楽に、とアドバイスしたいところですが、こうした心理をもつ人は、おそらく神経症傾向が高いので、かえって気持ちを固くしてしまうでしょう。それでも、肩の力を抜いて、冷静に振り返ることは必要だと思いますので、信頼できる友人と話をして、支えてもらうとよいでしょう。ただ、いつも支えてもらうことは心の負担になりますので、いざというときにはその友人を支えられること（頼ってほしいこと）を告げておくと、気持ちが楽になると思います。

加齢の影響

さて、完璧主義（現実的には完璧志向）は年を取るとどのように変化するのでしょうか。すでに第2章で説明しましたが、五十歳を迎えるころには知的能力（認知能力）の衰えが進み、自己志向的完璧主義をいままで通りに実行することはむずかしくなります。もちろん、この時期の個人差は大きいので、そうでない人もいるでしょう。

職場では五十歳くらいから重要な役職につくようになると思います。そうした役職をまっとうするために、自分に完璧を求めることが今まで通りに続くかあるいはやや多くなります。また、部下に完璧を求めることもおそらく多くなり、自分より上の役職者から「君には期待しているよ」ということばをかけられ、自分は完璧を求められていると強く思うことも維持されるかあるいは多くなります。

したがって、能力の衰えがあるにもかかわらず、さらに完璧主義（完璧志向）を持続しなければならない状況が定年まではつづくと覚悟したほうがよいでしょう。これに対処するには、周囲の人たちとの良好な対人関係が重要で、そうした関係に基づく部下や上司からのサポート、さらには家族からの心身両面にわたるサポートが、あなたの完璧主義（完璧志向）の持続を可能にします。

ご多分にもれず、私も役職在任中は完璧をめざしてがんばりましたが、とても疲れました。役職といっても私の場合は中間管理職でしたので、たとえば、部下にはミスのないように依頼された書類の作成をお願いし、上司には書類に間違いがあっても待ってもらえるようにお願いする、というように部下にも上司にも気を遣ってミスが生じないように対処しました。おかげさまで、多くの人たちのあたたかいサポートによって、大過なく終えることができました。

役職につくと、能力もそれほど高くないのにやたらと部下に命令をする人が多いと聞きます。〝偉くなったのだからあたりまえ〟と思うのでしょうが、年長者の英知を活かして、とくに部下には思いやりのある対応を心がけたいものです。たとえ、上司に嫌われても、そのほうが悔いを残さずに晩年を送れると思います。

まとめ

完璧主義とうまくつきあう方法について説明しました。

まず、完璧主義と完璧志向の諸要素について読者のみなさんに評定をしてもらい、それぞれのプロフィールを作成し、どのような要素に配慮して完璧主義から完璧志向への移行（改善）を行えばよいかを明らかにする方法を紹介しました。

プロフィールに基づく改善策を提案する前に、完璧主義の形成に強い影響を及ぼすとされる、①不安定なアタッチメント、②他者に有能さを認めてもらうこと、③現代的なプレッシャー、への対応策について提案しました。もっとも重要なことは、自分をサポートしてくれる信頼できる他者（友人など）をつくることです。

つぎにプロフィールに基づく改善策を提案しました。自己志向的完璧主義では六つの要因について自覚的・意図的に改善する方法を説明しました。とくに不適応を引き起こしやすいとされる〝失敗恐怖〟という要素については、セルフ・コンパッション（自分への思いやりの気持ち）を高めることによる対応が効果的です。なお、この方法は完璧主義全般にも効果があると期待されます。さらに、セルフヘルプの場合には往々にして改善への意欲が途中で切れることが多いのですが、そうさせないための方法を提案しました。

つぎに、他者に完璧を求める他者志向的完璧主義と他者から完璧を求められていると思い込む社会規定的完璧主義への改善策についても提案しました。前者では相手の状況や気持ちに配慮すること、後者では信頼できる他者に相談することが重要です。

最後に、加齢の影響を説明しました。加齢によって処理能力が低下するにしても、会社などで役職につくと、定年までは完璧を自分にも他者にも求めざるをえないこと、そしてそれには完璧志向で対応すること、さらに周囲によきサポーターをもつことが大事です。

第６章
完璧主義の他者とうまくつきあう方法

完璧主義の他者とうまくつきあう、とはどういうことか

本章では〝完璧主義の他者〟、具体的には完璧主義の子ども、親、教師、友だち、仕事仲間（同僚）とうまくつきあう方法について説明します。前章では〝完璧主義の自分〟とうまくつきあう方法について説明しましたが、本章の対象は完璧主義の他者です。自分が完璧主義あるいはその傾向が強い場合には、完璧主義の他者のことはある程度理解ができると思います。しかし、自分が完璧主義ではない、すなわち完璧志向や非完璧主義の場合には、本書の前章までの説明を読んで、完璧主義についての理解を深めたうえで対応するとよいでしょう。とくに、前章の表５－１にある完璧主義の評価表（プロフィール）を用いて他者の完璧主義を評定してみれば、その

人の完璧主義のありようはある程度わかると思います。

さて本章では、完璧主義の他者とうまくつきあう方法を、大きく二つに分けて説明します。ひとつは、該当する他者が自分とあまり親しくない場合のつきあい方です。ここでは〝クール〟なつきあい方と表現しておきましょう。自分も相手も不愉快にならない程度につきあうという意味で、他者の完璧主義を改善して完璧志向に近づけようとするつきあい方ではありません。もちろん、改善を意図しなくても自然に改善されることはあります。

もうひとつは、該当する他者が家族や親友など、とくに親しく大事にしている他者の場合のつきあい方です。ここでは〝ホット〟なつきあい方と表現しておきます。この場合には、不愉快にならないようにつきあうというのではなく、その人の完璧主義をできるだけ完璧志向になるように改善しようとする意図をもってつきあうというものです。その意味では、前章での完璧主義の自分とつきあう方法とほぼ同じ方法を用いてつきあうことになります。

なお、親しい人だけにしか用いてはいけないという方法ではありませんので、その他の完璧主義の人にも適用していただいてかまいません。ただ、それなりに自分の時間、エネルギー、資源を使うことになりますので、その点は覚悟して対応してください。

完璧主義の他者とクールにつきあう

　ここでは、他者の完璧主義を改善することを意図しない、クールなつきあい方について説明します。このような表現をすると、人間として〝冷淡ではないか〟とご批判を受けるかもしれませんが、すべての他者に治療者のような立場でかかわることはできませんので、自分のやさしさに蓋をしてクールにかかわるしか仕方がありません。ただ、万一、相手から完璧主義あるいは完璧主義によって生じてくる不適応について、どうすればよいか、どうすれば改善できるかをたずねられた場合には、本書の内容にそってアドバイスをしてください。

　こうしたクールなつきあい方をする完璧主義の他者とはどのような他者になるでしょうか。端的にいえば、あまり親しくない友だちや仕事仲間です。一方、親しい友だちや親しい仕事仲間の場合には、その人の完璧主義が改善するように〝ホット〟につきあうことが望ましいでしょう。

●基本的なつきあい方

　さて、クールなつきあい方における基本は、完璧主義と思われる他者に対して、信頼できる人間として、あたたかく接し、悩み事をしっかり聞いてあげることです。一般的には、悩み事を信頼できる他者に話すだけでも、かなりのストレス解消効果が期待できます。先にも説明した通り、相手の人が自分の完璧主義やそれにともなう不適応についてたずねてきたような場合には、本書で紹介した内容などを説明したり、カウンセラーなどの専門家に相談することをすすめたりすればよいでしょう。なお、一般に完璧主義の人は、休むことを忘れたかのように目標の達成をめざしてがんばりますので、休憩を取ってほっとする時間をもつことが大事であるとアドバイスすることもよいと思います。

●完璧主義の種類によって異なるつきあい方

完璧主義には自己志向的完璧主義、他者志向的完璧主義、そして社会規定的完璧主義の三種類がありますが、ここではこうした完璧主義の人たちとクールにつきあう際のポイントをまとめます。

(1)自己志向的完璧主義

高すぎる目標を設定して自己評価が厳しいため、思うように課題や仕事が達成できない（失敗がつづく）状況になりやすいといえます。そうしたときには失敗恐怖が強くなり、心身ともに疲れて他者に愚痴をこぼしたくなるのが普通ですが、完璧主義の人は自分の弱みを他者に知られたくないという気持ちが強く働き、悩みを他者に相談できないという傾向があります。それゆえ、悩みを口に出すときは相当まいっているときです。できるだけ親身になって聞いてあげましょう。

また、課題や仕事は比較的順調にこなしているけれども、失敗恐怖が強く、他者の評価をとても気にしているような人には、つぎのような話をしてあげるとよいかもしれません。

一九六〇年ころの研究の話です。ある研究者ら（Aronson et al., 1960）は、大学生を対象に、つぎのような録音を作り（一九六〇年ころの研究なので、ビデオなどはなかったようです）、それを聞いて印象を評価する実験を行いました。四種類の録音を作りましたが、それらは、①完璧な人が完璧に課題を成し遂げた話、②完璧な人が完璧に課題を成し遂げた後、ひとつだけミスをする話、③平凡な人が平凡に課題を成し遂げた話、④平凡な人が平凡に課題を成し遂げた後、ひとつミスをする話、でした。録音を聞いたのち、この四名の人の印象を評価してもらったところ、もっとも好印象だったのは②の完璧な人が最後にひとつだけミスをする話で、もっとも低い評価だったのが④の平凡な人が最後にミスをする話でした。この結果から、よくできる人（完璧主義の人）はときに失敗をするくらいが他者によい印象を与えるようだ、ということがわかりました。心理学では「プラットフォール（失敗）効果」といいますが、とくに他者からの評価を気にして失敗を恐れているような人には、このような話をして、その懸念や恐怖が少しでも軽くなるとよいと思います。

(2)他者志向的完璧主義

二種類のタイプが考えられます。一つめのタイプはさらに二つのケースに分けられます。一つめのタイプは、自分が他者志向的完璧主義者の場合で、他者につぎつぎと課題や仕事を課して完璧を求めますが、ひとつは、自分からこの状況を変えられないものかと悩んでいるケース、もうひとつは、他者に指摘されて、その状況を変えたほうがよいかどうかと悩んでいるケースです。

二つめのタイプは、他者が他者志向的完璧主義者で、対応が困難と思われるほどの課題や仕事を振って完璧を求めてくるため、自分は心身ともに疲弊し、その悩みを誰かに相談したいというタイプです。

まず、最初のケースですが、他者に多くの課題や仕事を気軽に課してしまっているけれども、この状況は大丈夫なのだろうか、と相談された場合です。このようなときは、相談内容をしっかり聞いたうえで、相手の事情を考慮しないで課題（仕事）を課していることは望ましくない、と伝えるだけで十分です。本人は自分が他者に多くの課題（仕事）を課していることを自覚しているわけですから、問題だと感じてはいるはずです。どうすればよいのかまで事細かに言及する必要はないでしょう。

つぎに、他者に多くの課題や仕事を課してしまうのに、それを自覚しておらず、別の人からそれを指摘されたという人の相談を受けた場合です。この場合には、まず相手の話をよく聞き、自分がしていることが望ましくないことを自覚させる必要があります。多くの課題や仕事を課される相手の気持ちを察して、どう対応すればよいかを考えるようにアドバイスしましょう。こうした人の中には、能力が高く、自分に課された課題や仕事は簡単にできると思っている人が多いように感じます。そのような人であれば、ズバリそのことを伝えてもよいかもしれません。他者の立場に立って考えること、それを強調しましょう。

最後は、他者志向的完璧主義の人によって、多くの課題や仕事を課されて疲弊している人の相談を受けた場合です。まずはその窮状をしっかり聞いてあげることが大事です。そして話を聞くだけでは危険な状態、すなわちうつ病や不安障害などの精神疾患が疑われるような状態であれば、専門のカウンセラーに相談すること、さらにもしいじめやパワーハラスメントのような状況が予想されるなら産業カウンセラーに相談することや専門の部署に行って相談すること、などもアドバイスしましょう。

(3) 社会規定的完璧主義

自分は他者から完璧を強く求められていると思っているけれども、それに答えられていないと悩んでいるケースがこれにあたります。こうしたケースでは神経症傾向も高いので、情緒が不安定であることも多いです。またこうしたケースの場合には、自分から他者に相談することは少ないため、むしろこちらから悩んでいると思われる相手に声をかける、といった対応が必要になるかもしれません。放っておけば何もしなくてすむのですが、気になるようであれば声をかけて、話を聞き、改善がむずかしいケースであれば、カウンセラーに相談することをすすめるとよいでしょう。完璧を強く求められていると思うのは気のせいで、あまり気にすることはないよ、といってあげたいところですが、おそらくそういったとしても、本人は容易には納得しないと思います。

他者の完璧主義を改善するようにホットにつきあう

前節では、完璧主義の他者とのクールなつきあい方を紹介しましたので、ここではもうひとつのつきあい方である、完璧主義の他者とのホットなつきあい方について説明します。すでに説明した通り、ホットなつきあい方の対象となるのは、家族や親友など、とくに親しく大事にしている他者です。ホットなつきあい方では、クールなつきあい方のように不愉快にならないようにつきあうというのではなく、相手の完璧主義をできるだけ完璧志向になるように改善しようとする意図をもってつきあうということです。

こうしたホットなつきあい方をする〝完璧主義の他者とそれに対応する人〟とは、具体的にどのような組み合わせが考えられるのでしょうか。父親（あるいは母親）の完璧主義に対応する母親（あるいは父親）、子どもの完璧主義に対応する親、家族のなかで完璧主義の者に対応するほかの家族構成員、子どもの完璧主義に対応する教師、親友の完璧主義に対応する親友、親しい仕事仲間の完璧主義に対応する親しい仕事仲間、などが考えられます。いずれの組み合わせにおいても親しい者同士ですので、対応する人は、親身になって改善に取り組んでください。もし、自分の力では問題が解決しないと判断した場合には、専門のカウンセラーや医師などに相談することもすすめましょう。

●基本的なつきあい方

ホットなつきあい方の基本は、自分が相手にとって信頼できる人間として、あたたかく接し、共感的に話を聞くほか、相手の完璧主義を完璧志向へと移行・改善できるように、必要に応じてアドバイスをして支える（サポートする）ことです。

また、すでに述べた通り、完璧主義の大きな原因と考えられるものへの対応、具体的には、①不安定なアタッチメントへの対応、②有能さを他者に認められたいということへの対応、③現代的なプレッシャー（よい成績をとって〈完璧な勉強をして〉よい学校に進学する、仕事を完璧にこなす、子育てを完璧にする）への対応も必要となります。そこで、この三つの要因に対する対応の仕方を説明します。

まず、不安定なアタッチメントへの対応です。親が、自分の子どもの完璧主義の原因がおもに不安定なアタッチメントであることに気がついた場合には、母親でも父親でも、その子に安定したアタッチメントが形成されるように努力することが必要です。大事なことは、無条件の愛情を注ぐこと、簡単にいえば、勉強がよくできたからというような理由で子どもを愛さないこと（条件付きの愛情を注がないこと）、そして自分の子どもとして生まれてきてくれたことに大きな喜びを示すことです。子どもへの愛情やそばにいる喜びを心の底から表現するようにしましょう。さらに、ご自身が子どもに対して完璧主義的な子育てをしていないかどうかも点検してください。子どもがよい成績を取れるようにと、課題やテストに対して高すぎる目標を課し完璧を強いていないかどうか、確認してください。これも子どもを完璧主義にしてしまう原因のひとつです。

また、完璧主義の親、友だち、仕事仲間とつきあうとき、完璧主義の原因として不安定なアタッチメントが疑われるような場合には、その人にとって、自分が信頼できる他者（安定したアタッチメントの対象ということもできます）になれるようにかかわることが大事です。完璧主義の人は対人関係がうまくつくれなかったり、維持できなかったりする傾向があります（齋藤ら2009）ので、そのことを十分承知して、あせらず気長につきあうことが肝要です。

つぎは、有能さを他者に認められたいということへの対応です。完璧主義の人は他者に否定的に評価されないかどうかを気にします。とくに社会規定的完璧主義の人はとても気にします。他者からよい評価を得るために、完璧をめざしているわけですから当然です。こうした人には、他者の評価は重要であるけれど、それに振り回されると自分らしい課題の処理や仕事ができないことを強調し、自分らしさを大事にすることを理解してもらうことが大事です。自分の自尊心が他者の評価に依存していると、いつも他者の顔色をうかがい、不安を抱えて生活することになります。第5章でも述べましたが、私は自律性や主体性をしっかりもって、自分らしく生きること（いわゆる自己実現をすること）をよしと考えています。したがって、そうした完璧主義の人には他者に依存するような生き方がほんとうによいのかどうか、しっかり考えることをすすめてほしいと思います。

最後は、現代的なプレッシャーへの対応です。子どもの場合にはよい成績をとって（完璧な勉強をして）よい学校に進学しなければならないというプレッシャーが、親の場合には子育てを完璧にこなさなければならないというプレッシャーが、社会人の場合には仕事を完璧にしなければならないというプレッシャーが代表的なものといえます。基本的にはいずれの場合も、信頼できる他者、すなわち子どもの場合には親や教師や親友、社会人の場合には親友や信頼できる同僚、親の場合には夫や妻、祖父母さらには子育て仲間などの支援によって、こうしたプレッシャーは軽減できると考えられます。したがって、信頼できる他者としてこうした人たちと親しく接することが大事です。まずは悩みを聞いてあげたり、有益な情報を提供したり、さらには一緒に息抜きをすることも効果的であると思います。

まず、子どもがよい成績を取って、よい学校へ進学しなければならないというプレッシャーについてです。子どもが何のために（完璧な）勉強をするのかという理由もよくわからずに、ただただ勉強して偏差値の高い学校に進学するという状況はとても憂慮すべき状況だと思います。私は子どもの学習意欲について研究をしていますが、これまでの研究（たとえば、櫻井 2017, 2019）によると、子どもは自己理解（自分の長所や短所、そして適性などを客観的に理解すること）に基づいて自ら見出した将来の目標（こうした仕事に就きたい、こうした生き方がしたい）の達成に向けて、粘り強く学ぶことが重要です。最近のキャリア教育も同じ趣旨で展開されていますし、心理学における実証的な研究でもこうした考え方が支持されています（たとえば、菅原 2018）。子どもとの話し合いや面談では、まず子どもの話をよく聞き、悩みをしっかり受けとめること、つぎにその子らしい将来目標が見出せるように支援すること、そして将来目標がほぼ定まってきたら、その達成をめざしてがんばるように励ますことが大事です。その際、本人の意向によっては完璧を求めてもよいと思いますが、それは完璧志向であって完璧主義ではありません。子どもが将来への展望や希望をもっていきいきと努力できることが重要です。

つぎは、仕事を完璧にするという社会人のプレッシャーについてですが、すでに説明した通り、労働力人口の減少や科学技術（ＡＩやＩＣＴ）の進歩などによって、多くの仕事をミスなく完璧にすることが求められています。時代の流れといえばその通りですが、これにうまく対応することが必要となります。結局のところ、こうしたプレッシャーを軽減するには、サポートしてくれる同僚や上司、部下の存在が重要になります。お互いにサポートし合いながら、仕事をうまく仕上げていくことが望まれます。

最後は子育てのプレッシャーについてです。少ない（ほぼ一人の）子どもを完璧に育てなければならないというプレッシャーにも、周囲の人の理解とサポートが欠かせません。現在は夫婦協同での子育てが基本になっていると思いますが、夫婦だけでなく保育者や祖父母、子育て仲間の力も借りて、うまく息抜きをしながら子育てを楽しむというスタンスがとれれば、こうしたプレッシャーは軽減できるはずです。とくに同世代の子育て経験者のサポートは有効であると思います。

●完璧主義の種類によって異なるつきあい方

完璧主義には自己志向的完璧主義、他者志向的完璧主義、そして社会規定的完璧主義の三種類がありますが、ここではこうした完璧主義の人たちとホットにつきあう際のポイントをまとめます。なお、完璧主義の人とのホットなつきあい方では、完璧主義から完璧志向への移行を支援することが中心になりますので、第５章の各節で説明した完璧主義の人の自分への対応もご参照ください。

⑴自己志向的完璧主義

他者の評価を気にしすぎたり、他者との関係づくりが苦手であったりする自己志向的完璧主義の人は、信頼できる他者（友だちや仕事仲間）を見出すことがむずかしいため、誰かに相談をするということも苦手です。あなたがそうした完璧主義の人から相談を受けたとしたら、それはあなたが信頼できる人であるとその人が認識しているからだと思います。そのことを銘記して、親身になって相談に乗ってあげましょう。

もちろん、重要なことは、まずは相手の話をよく聞き、そして信頼関係をより確かなものにしながら、何が問題の中心になっているかを探し、それに対応することです。無理はしないでください。基本的な問題は表5－1にある通りで、めざすのは、①現実的な高い目標の設定、②柔軟な自己評価、③失敗恐怖の低減、④評価懸念の低減、です。通常、このうちのどの対応が多いかといえば、失敗恐怖の低減です。これまでのところ、完璧主義のなかでもっとも不適応を引き起こしやすい直接的な要因は失敗恐怖だからです。失敗恐怖への対応は第5章でも説明しましたが、セルフ・コンパッションの一つの要素である「共通の人間性」に注目し、〝失敗することは誰にでもあること〟を共通の人間性のひとつととらえ、他者にやさしくするのと同様に自分にもやさしく接して、失敗をポジティブに受けとめられるように促すことです。人間は失敗から学び成長することを考えると、失敗は成功のもとであり、さらなる発展を期待させるものといえます。また、失敗を恐れないためには、現実的な高い目標の設定と目標の柔軟な評価も必要になります。

(2)他者志向的完璧主義

他者志向的完璧主義については、前節で二つのタイプを紹介しましたが、もっとも不適応を起こしやすいのは、他者から多くの課題や仕事を課され、それを完璧にこなそうとするタイプです。このタイプの場合には、相当疲弊していますので、悩みをしっかり聞いてあげるほか、課題や仕事についてその量や締め切りまでの期間などで明らかに無理な依頼をされていないかどうかを確認し、そしてもしそうした依頼をされていることが明らかになった場合には、課題や仕事を課している人に対して改善を求める、といった対応が必要になります。

このタイプは職場で多いと予想されますが、対応を考える際には、相談相手の上司がどのような人物なのかが問題になります。他者の意見を聞き入れてくれる人なら（そのような人は本来、部下に多くの仕事を振るようなことはしないと思いますが）、一緒にその上司に会って改善を求めればよいと思います。もし上司がそうした話を誠実に聞いてくれるような人ではないとしたら、相談相手の同僚たちにも協力を求めて、部下が一丸となって改善を求める対応をすればよいのではないでしょうか。職場ではこのほかにも多様な要因がこうした事態と関係します（急な人員削減など）ので、一律にこれが一番よい方法だとはいえません。また、パワーハラスメントに近いような深刻な状況であれば、公設あるいは私設の相談機関に相談することをすすめる必要もあります。なお、いずれの場合にも相談相手はとても疲弊した状態にあるわけですから、親身になって相手の気持ちを支え、寄り添って対応してあげることが大事です。

また、上司と部下の関係ではなく、同僚同士でも、上司から振られた仕事を意図的にだれか一人に集中させて、同じような状況になることもあります。同僚によるいじめです。この場合には、上司や専門の相談機関に相談することがよいでしょう。

他者志向的完璧主義者によって引き起こされるこれらのケースは、完璧主義に関連はしていますが、その目的はいじめやいやがらせである場合も多いようです。そうした面での対応が必要であることにも留意しましょう。

また、こうしたケースは職場にとどまらず、学校のなかにもあります。たとえば、子どもたちが相談して、学習や掃除の分担を決めてそれを行うような場合です。とくに調べ学習では、力のある子どもが中心となって、やっかいな部分の学習をいつも同じ（弱い立場でよくできるような）級友に押しつけて、自分らは簡単にできる部分を担当する、というような場合です。押しつけられた子どもが窮状を訴えなくても、同様の学習場面で同じような分担が繰り返されているとしたら、普通の教師であれば容易に気づくはずです。こうした場合には、詳しい状況を調査し、公平に分担がなされるように指導をする必要があります。

私は中学生のころ、幼なじみのB子さんから、以下のようなことで相談を受けたことがあります。B子さんは生徒会の役員で、生徒会の仕事をテキパキとこなしていたのですが、どうしたわけか、生徒会長のC君がつぎからつぎへと仕事を頼んでくるというのです。しかも、大事な仕事だからミスのないようにお願いしたいと念を押されるというのです。B子さんはあまりの仕事の多さに疲れてしまい、幼なじみの私に相談してきたようです。

私は生徒会長のC君と友だちでしたので、そんな理不尽なことはしないだろうと思い、彼に直接話を聞きました。そうしたら、ビックリ！　彼はB子さんのことが好きで、何とか一緒にいたいと思い、つぎからつぎへと仕事を依頼していることがわかりました。私は彼に、B子さんがたくさんの仕事を振られて困っていることを話し、ほんとうに好きなら好きと告白したほうがよいとアドバイスをしました。

二日後、彼はB子さんに告白したようで、B子さんはまずは友だちとしてつきあいたい、と回答をしたとのこと。他者志向的完璧主義によるネガティブな結果と思いきや、好きな人と一緒にいたいという恋心がなせる結果だったのです。後日談ですが、彼らは大学で再会し、再び愛をあたためるようになり、卒業後に結婚しました。

(3) 社会規定的完璧主義

自分は他者から完璧を求められていると思い込み、そしてそれが実現できていない（他者の期待に応えられていない）と悩むのがこのケースです。実際に多くの課題や仕事を課されてそれらにうまく対処できず悩んでいるケースへの対応は、前項の(2)で説明しました。そこで、ここではそれほど多くの課題や仕事を課されているわけではないが、そうした課題や仕事に完璧に対処できていない、そしてそのことが他者の期待に応えていないと思い悩むケースについて説明します。

自分が他者の期待に応えられないという点が問題の中心になりますので、少なくともある程度は応えているという認知に修正することが必要です。職場の同僚の場合には、共感的に話を聞き、悩みをしっかり受けとめたうえで、実際の仕事の例を挙げて「あなたの仕事はこんなに役に立っていて、周囲の人（あるいは上司）の期待に応えている」というように、事実に基づいて認知を修正できるようにするとよいと思います。また、大学などでのグループ学習で、同じようにグループの成員が期待しているほどには自分は成果が出せていないと思い悩んでいる場合には、仲のよい友だちが同様の対応をすればよいのではないでしょうか。そして、自分がそれなりに役に立っていて有能であることが実感できれば、社会規定的完璧主義の程度は軽減されます。

なお、すでに説明した通り、他者の評価を気にしたり、他者の期待に応えたりすることが度を越すと、自律性が失われ他律的な人間になってしまう恐れがあります。他者の評価に振り回されない自律した人間であることの重要性を話し合ってみることも有益だと考えます。

さらに、こうした社会規定的完璧主義の人のなかには、一時的に極度の情緒不安定になる人もいますので、そのときはカウンセラーに相談することや心療内科を受診することもすすめたほうがよいでしょう。

子どもが社会規定的完璧主義によって不適応を起こしている場合は、親や教師にその対応が求められます。もちろん、重篤な場合はスクールカウンセラーに相談することがよいと思いますが、そうでない場合は、社会人や大学生の場合と同じように、子どもの悩みをしっかり受けとめたうえで、学習活動でもその他の活動でも、実例を挙げて十分に周囲の子どもたちの期待に応えていることや役に立っていることを話してあげるとよいでしょう。子どもが納得できれば社会規定的完璧主義は軽減されます。

私は、教員養成大学を卒業後、心理学を専門とする大学院（当時は五年制の博士課程）に進学して心理学者をめざしました。進学当初は、当該大学の学部から大学院に進学したエリートのみなさんと一緒で誇らしい気持ちにもなりましたが、一方でこのなかで完璧な論文を書いて院生はじめ先生方に認められなければ研究者にはなれないのではないかという大きな不安も感じました。なかなか思うような論文が書けなかったため先輩の院生に相談したところ、「完璧な論文はない。完璧な論文を書いたら、そのテーマではもう研究できなくなる」といわれました。たしかにその通りで、しっかり主張できる結果があれば、それはよい論文であり、さらに課題がみつかればそれがつぎの研究テーマになることに気がつきました。それ以後、完璧な論文というよりも、「確実な結果に基づく論文にすること、さらにその結果に基づいてその後の明確な課題が指摘できる論文にすること」が私のモットーとなりました。今日でもそうした論文を書こうと努力しています。

他者の完璧主義のことでどのように相談するか

完璧主義の人とのつきあい方には、クールなつきあい方もあれば、ホットなつきあい方もありました。日常的なつきあいの範囲でうまくいかない場合（何らかの精神疾患が疑われるような場合）には、専門のカウンセラーや医師に相談することがよいと考えますが、それほどでもないケースでは、これまでに紹介した方法によって、自分あるいは周囲の人の力でその人を完璧主義から完璧志向へとかなり改善できるのではないかと思います。

さて、ここでは、これまで取り上げられなかったケースについて、どのように対応をすればよいかを考えます。

まずは、両親ともに完璧主義者で子どもがその影響を受けて（困って）いる場合、あるいは単親家庭で同じように完璧主義の親の影響を受けて（困って）いる場合です。いずれの場合も、家庭に子どもをかばってくれる人がいないときは、子どもは親の完璧主義から逃れることができません。とくに、完璧主義的な子育てをめざす親の場合には幼少期からそうした状況にあります。子どもが保育園や幼稚園、小学校や中学校に通っている場合には、保育者や教師が子どもの状態や面談内容から、親の養育行動等に問題があることに気づくことが大事です。気づくことができれば対応できます。さらに、もっと幼い時期には、祖父母や親の友人などがそれに気づいて対応することが大切でしょう。いずれにしても、子どものまわりの大人が親の完璧主義的な行いや子育て、子どもの異変などにできるだけ早く気づいて対応することが肝要です。

つぎは、教師がクラスの子どもに完璧主義的な教育活動をしている場合です。本来、教師は望ましい教育によって、子どもたちが順調に成長・発達することを願っていますから、子どもたちが学習目標をできるだけ完璧に達成すること（しっかり覚えたり、考えたり、表現したりすること）を求めやすいといえます。とくに教師には生真面目な人が多いように見受けますので、そうした人はいっそう完璧主義的な教育を推進しやすいといえます。度が過ぎなければ（完璧志向であれば）、それは子どもの成長・発達にとってよい影響を与えますが、他者志向的完璧主義に基づく教育活動となると、悪い影響も出てくることが予想されます。子どもが教師の完璧主義で悩んだり、疲弊したりしているようであれば、まずは親がそれに気がつかなければなりません。子どもに話を聞き、子ども自身への対応とともに、教師に対しても改善を求める対応をする必要があります。教師への対応では、まずはほかの保護者と相談をして実情を確認することが重要です。そして事実として確認できた場合には、協力して教師に改善を求める行動を起こしましょう。日々の教師の様子から、本人に直接話すことが可能であればそれもよいと思いますし、それがむずかしいようであれば、スクールカウンセラーかほかの教師に相談することもよいのではないでしょうか。彼らは学校組織をうまく活用して、適切な対応をしてくれると思います。

社会人となり、上司が部下に対して完璧主義的な行いをする場合はどうでしょうか。上司の完璧主義的な行為（他者に完璧を求める行為）によって、同僚のうつ傾向が強まったり、疲労度が増したりしているようなときは、周囲の同僚に相談して、複数の同僚で上司に訴えることがよいでしょう。それでもうまくいかない場合は、産業カウンセラーに相談したり、専門の部署に惨状を訴えたりすることも必要になるでしょう。いじめやパワーハラスメントとまではいかなくても、そうした事態に近い状況もありますので、慎重な対処が求められます。また、そうした上司の場合には、カウンセリング等を受けて、職場で望ましい対人関係がつくれるスキルを学ぶ必要もあります。上司も部下もお互いの立場を理解し、お互いに協力して仕事のしやすい職場をつくることが、生産性をあげるためにもとても重要だと思います。

まとめ

本章では、完璧主義の他者（おもに子ども、教師、友だち、職場の同僚）とうまくつきあう方法について説明しました。つきあい方は、完璧主義で悩んでいる他者あるいは他者の完璧主義によって被害を受けて悩んでいる他者に対して、その悩みを聞いてあげる程度のクールなつきあい方と、その悩みを聞いてあげるとともにその状態を改善するようにサポートをするホットなつきあい方の二通りの方法を紹介しました。完璧主義を改善する方法は第5章の自分の完璧主義とうまくつきあう方法で述べた方法を援用しています。

さらに、親から子どもへの完璧主義的な子育て、教師からクラスの子どもへの完璧主義的な教育、職場における上司から部下への完璧主義的な仕事の要請、などに対して、周囲の人がどのように対処すればよいかについてもまとめました。

あとがき

退職して二年目を迎えました。この一年間は非常勤講師などでこれまでの教育・研究という仕事をつづけてきましたが、もっとも力を注いだのはこの本の執筆でした。

私の専門は動機づけ心理学と発達心理学ですが、こうした方面の本はそれなりに執筆してきました。しかし、本書のテーマである〝完璧主義〟についての本を執筆するのは、このたびがはじめてです。本書の内容からおわかりと思いますが、完璧主義は高すぎる目標を設定して、その目標の達成に向けてものすごくがんばる、という点で動機づけにおおいに関係しています。また、完璧主義の形成には、乳幼児期に形成される不安定なアタッチメントや完璧主義的な子育ての影響が強く、これも発達心理学と関係しています。こうしてよく考えてみると専門と関係はあるのですが、どうしてか、完璧主義をテーマに本を書く気にはなれませんでした。

退職の前後から、これまでの研究成果を多くの人に知ってもらいたい、またそうすることが研究者としての私の最後の使命ではないか、という気持ちが強まりました。もちろん退職によっていままでよりも自由な時間が増えます。それに同期の友人のことばではありませんが〝ボケないように〟という気持ちもありました。また、どなたからか「本は六十五歳を過ぎると（早くも）書けなくなる人がいますよ」という話も聞き参考になりました。ということで、こうした理由からいまが好機と判断し、一大奮起して本書の出版を希望し、金子書房にお願いした次第です。

書き出してみると、過去のデータが必要だったり、天才に関する資料が必要だったり、あまりにも調べることが多くて苦慮しましたが、何とか予定の一年で脱稿することができました。これはひとえに私をやさしくサポートしてくれた周囲の方々のおかげであると感謝しています。

本書の執筆でもいつものごとく、わが家の和室に資料や本をうずたかく積み上げたり、さらに熱中すると机のまわりに資料や本を散乱させたりして、ほぼ日常的に妻の登世子と息子の祐輔に多大な迷惑をかけました。そのような状況にもかかわらず、あたたかく見守りつづけてくれた二人に心から感謝します。

また本書の出版では、恩師の田上不二夫先生ならびに金子書房編集部の渡部淳子さんにたいへんお世話になりました。渡部さんにはこの年になってはじめて本づくりの醍醐味を教えていただきました。これ以上お名前を挙げることは控えますが、多くのみなさまのおかげで本書が刊行できたものと思っています。まことにありがとうございました。

令和元（二〇一九）年六月

著　者

文 献

第 1 章

Burns, D.D. 1980 The perfectionist's script for self-defeat. *Psychology Today,* November, 34-52.

Frost, R.O., Marten, P.A., Lahart, C., & Rosenblate, R. 1990 The dimensions of perfectionism. *Cognitive Therapy and Research, 14,* 449-468.

Hewitt, P.L., & Flett, G.L. 1990 Dimensions of perfectionism and depression: A multidimensional analysis. *Journal of Social Behavior and Personality, 5,* 423-438.

Hewitt, P.L., & Flett, G.L. 1991 Perfectionism in the self and social contexts: Conceptualization, assessment, and association with psychopathology. *Journal of Personality and Social Psychology, 60,* 456-470.

国分康孝　1980　カウンセリングの理論　誠信書房

宮本美沙子・奈須正裕（編）1995　達成動機の理論と展開――続・達成動機の心理学　金子書房

大谷佳子・桜井茂男　1995　大学生における完全主義と抑うつ傾向および絶望感との関係　心理学研究　*66*, 41-47.

櫻井茂男　2017　自律的な学習意欲の心理学――自ら学ぶことは，こんなに素晴らしい　誠信書房

桜井茂男・大谷佳子　1997　“自己に求める完全主義”と抑うつ傾向および絶望感との関係　心理学研究　*68*, 179-186.

Stoeber, J., & Otto, K. 2006 Positive conceptions of perfectionism: Approaches, evidence, and challenges. *Personality and Social Psychology Review, 10,* 295-319.

第 2 章

安藤寿康　2000　心はどのように遺伝するか――双生児が語る新しい遺伝観　講談社ブルーバックス

安藤寿康　2012　遺伝子の不都合な真実――すべての能力は遺伝である　ちくま

新書
安藤寿康　2018　なぜヒトは学ぶのか――教育を生物学的に考える　講談社現代新書
Baltes, P.B.　1987 Theoretical propositions of life-span developmental psychology: On the dynamics between growth and decline. *Developmental Psychology, 23,* 611-626.
Flett, G.L., & Hewitt, P.L. (Eds.) 2002 *Perfectionism: Theory, research, and treatment.* Washington, DC: American Psychological Association.
細越寛樹　2015　パーソナリティ理解の方法　松井　豊・櫻井茂男（編）スタンダード自己心理学・パーソナリティ心理学　ライブラリ　スタンダード心理学9　サイエンス社　pp.222-238.
市原　学　2010　自己とパーソナリティの発達　櫻井茂男（編）たのしく学べる最新発達心理学――乳幼児から中学生までの心と体の育ち　図書文化社　pp.107-124.
小林　真　2010　人間関係の発達　櫻井茂男（編）たのしく学べる最新発達心理学――乳幼児から中学生までの心と体の育ち　図書文化社　pp.125-142.
黒田祐二　2013　児童期の知性の発達　櫻井茂男・佐藤有耕（編）スタンダード発達心理学　ライブラリ スタンダード心理学 7　サイエンス社　pp.105-121.
三宅和夫　1991　本研究にかかわるこれまでの報告の要点　三宅和夫（編）乳幼児の人格形成と母子関係　東京大学出版会　pp.57-70.
桜井茂男　2001　子どもの完全主義に及ぼす親の性格と養育行動の影響（基盤研究（C）（2）課題番号：09610099）平成 9 ～ 12 年度科学研究費補助金研究成果報告書
櫻井茂男　2017　自律的な学習意欲の心理学――自ら学ぶことは，こんなに素晴らしい　誠信書房
外山美樹　2011　行動を起こし，持続する力――モチベーションの心理学　新曜社

第 3 章

Flett, G.L., & Hewitt, P.L. (Eds.) 2002 *Perfectionism: Theory, research, and treatment.* Washington, DC: American Psychological Association.
Frost, R.O., Marten, P.A., Lahart, C., & Rosenblate, R. 1990 The dimensions of

perfectionism. *Cognitive Therapy and Research, 14,* 449-468.
福井義一　2009　高目標設置は本当に適応的か？――成人愛着スタイルを調整変数として　心理学研究　*79,* 522-529.
Hewitt, P.L., & Flett, G.L. 1991 Dimensions of perfectionism in unipolar depression. *Journal of Abnormal Psychology, 100,* 98-101.
髙坂康雄　2008　青年期における劣等感と自己志向的完全主義との関連　パーソナリティ研究　*17,* 101-103.
三重野祥子・濱口佳和　2005　乳幼児をもつ母親における子育て完全主義傾向と育児ストレスの関連　筑波大学心理学研究　*29,* 109-116.
水澤慶緒里　2014　成人用過剰適応傾向尺度（Over-Adaption Tendency Scale for Adults）の開発と信頼性・妥当性の検討　応用心理学研究　*40,* 82-92.
仁平義明・佐藤静香　2004　「適応的完全主義」と「不適応的完全主義」――学生相談所による予防教育の視点から　東北大学学生相談所紀要　*30,* 1-8.
大谷佳子・桜井茂男　1995　大学生における完全主義と抑うつ傾向および絶望感との関係　心理学研究　*66,* 41-47.
大谷佳子・桜井茂男　1997　社会人における完全主義と無気力の関係　日本心理学会第61回大会発表論文集　144.
齋藤路子・今野裕之・沢崎達夫　2009　自己志向的完全主義の特徴――精神的不健康に関する諸特性との関連から　対人社会心理学研究　*9,* 91-100.
桜井茂男　1997a　子どもにおける完全主義と無気力の関係（基盤研究（C）(2) 課題番号：07610126）平成7～8年度科学研究費補助金研究成果報告書
桜井茂男　1997b　子どもの完全主義　日本心理学会第61回大会発表論文集　297.
桜井茂男　2004　完全主義は抑うつを予測できるのか――小学生の場合　筑波大学心理学研究　*27,* 51-55.
桜井茂男　2005　子どもにおける完全主義と抑うつ傾向との関連　筑波大学心理学研究　*30,* 63-71.
桜井茂男・大谷佳子　1995　完全主義は無気力を予測できるか　奈良教育大学教育研究所紀要　*31,* 171-175.
桜井茂男・大谷佳子　1997　“自己に求める完全主義”と抑うつ傾向および絶望感との関係　心理学研究　*68,* 179-186.
Stoeber, J., & Otto, K. 2006 Positive conceptions of perfectionism: Approaches, evidence, and challenges. *Personality and Social Psychology Review, 10,* 295-

319.

第4章

Burns, D.D. 1980 The perfectionist's script for self-defeat. *Psychology Today,* November, 34-52.

Frost, R.O., Marten, P.A., Lahart, C., & Rosenblate, R. 1990 The dimensions of perfectionism. *Cognitive Therapy and Research, 14,* 449-468.

Hewitt, P.L., & Flett, G.L. 1991 Perfectionism in the self and social contexts: Conceptualization, assessment, and association with psychopathology. *Journal of Personality and Social Psychology, 60,* 456-470.

Hollender, M.H. 1965 Perfectionism. *Comprehensive Psychiatry, 6,* 94-103.

岸見一郎・古賀史健　2013　嫌われる勇気　ダイヤモンド社

小堀　修・丹野義彦　2004　完全主義の認知を多次元で測定する尺度作成の試み　パーソナリティ研究　*13*, 34-43.

三重野祥子・濱口佳和　2005　乳幼児をもつ母親における子育て完全主義傾向と育児ストレスの関連　筑波大学心理学研究　*29*, 109-116.

大谷佳子・桜井茂男　1995　大学生における完全主義と抑うつ傾向および絶望感との関係　心理学研究　*66*, 41-47.

桜井茂男　1997a　子どもにおける完全主義と無気力の関係（基盤研究（C）（2）課題番号：07610126）平成7～8年度科学研究費補助金研究成果報告書

桜井茂男　1997b　子どもの完全主義　日本心理学会第61回大会発表論文集　297.

桜井茂男　2005　子どもにおける完全主義と抑うつ傾向との関連　筑波大学心理学研究　*30*, 63-71.

桜井茂男・大谷佳子　1997　“自己に求める完全主義”と抑うつ傾向および絶望感との関係　心理学研究　*68*, 179-186.

田中秀樹・永田利彦・切池信夫・河原田洋次郎・松永寿人・山上　榮　1999　摂食障害患者における完全主義傾向　精神医学　*41*, 847-853.

辻平次郎　1992　完全主義の構造とその測定尺度の作成　甲南女子大学人間科学年報　*17*, 1-14.

第５章

有光興記　2014　セルフ・コンパッション尺度日本語版の作成と信頼性，妥当性の検討　心理学研究　*85*，50-59.

藤井英雄　2018　1日10秒マインドフルネス　大和書房

羽吹香峰子　2006　大学生の完全主義的な考え方とうつ傾向の関連について――ストレス対処法の面接調査を通して　創価大学大学院紀要　*28*，263-284.

貝谷久宣・熊野宏昭・越川房子　2016　マインドフルネス――基礎と実践　日本評論社

国分康孝　1980　カウンセリングの理論　誠信書房

Miller, W.R., & Rollnick, S. 2002 *Motivational interviewing: Preparing people for change*（*second ed.*）. New York: The Guilford Press. ウィリアム・R・ミラー／ステファン・ロルニック（著）松島義博・後藤　恵（訳）2007　動機づけ面接法――基礎・実践編　星和書店

宮川裕基・谷口淳一　2016　日本語版セルフコンパッション反応尺度（SCRI-J）の作成　心理学研究　*87*，70-78.

村上達也・櫻井茂男　2010　児童期のアタッチメント対象の把握――Function Based アプローチによる検討　筑波大学心理学研究　*40*，51-59.

村上達也・櫻井茂男　2014　児童期中・後期におけるアタッチメント・ネットワークを構成する成員の検討――児童用アタッチメント機能尺度を作成して　教育心理学研究　*62*，24-37.

中川拓也　2015　自己志向的完全主義における友人からのソーシャル・サポートが抑うつに及ぼす影響について　国際研究論叢　*28*，73-81.

Neff, K.D. 2011 *Self-compassion: Stop beating yourself up and leave insecurity behind.* New York: William Morris.　クリスティーン・ネフ（著）石村郁夫・樫村正美（訳）2014　セルフ・コンパッション――あるがままの自分を受け入れる　金剛出版

齋藤路子・今野裕之・沢崎達夫　2009　自己志向的完全主義の特徴――精神的不健康に関する諸特性との関連から　対人社会心理学研究　*9*，91-100.

Szymanski, J. 2011 *The perfectionist's handbook: Take risks, invite criticism, and make the most of your mistakes.* Hoboken, NJ: John Wiley & Sons.　ジェフ・シマンスキー（著）小林玲子（訳）2013　がんばりすぎるあなたへ――完璧主義を健全な習慣に変える方法　阪急コミュニケーションズ

山口　創　2017　子育てに効くマインドフルネス――親が変わり，子どもも変わ

る　光文社
山村帆南　2018　自己志向的完全主義が適応感に及ぼす影響――ソーシャル・サポートとセルフ・コンパッションの役割に着目して　平成 29 年度筑波大学心理学類卒業論文

第 6 章

Aronson, E., Willerman, B., & Floyd, J. 1960 The effect of a pratfall on increasing interpersonal attractiveness. *Psychonomic Science, 4,* 227-228.
齋藤路子・今野裕之・沢崎達夫　2009　自己志向的完全主義の特徴――精神的不健康に関する諸特性との関連から　対人社会心理学研究　*9*，91-100.
櫻井茂男　2017　自律的な学習意欲の心理学――自ら学ぶことは，こんなに素晴らしい　誠信書房
櫻井茂男　2019　自ら学ぶ子ども――4 つの心理的欲求を生かして学習意欲をはぐくむ　図書文化社
菅原宏明　2018　中学生の仕事価値観の構造と機能の検討　2017 年度筑波大学大学院人間総合科学研究科心理専攻修士論文

櫻井茂男　さくらい しげお

1956年長野県生まれ。

筑波大学大学院心理学研究科（博士課程）心理学専攻修了。奈良教育大学助教授，筑波大学心理学系助教授，同人間系教授などを経て，現在，筑波大学名誉教授。教育学博士。学校心理士。

著書に，『学習意欲の心理学――自ら学ぶ子どもを育てる』（誠信書房，1997），『自ら学ぶ意欲の心理学――キャリア発達の視点を加えて』（有斐閣，2009），『たのしく学べる最新発達心理学――乳幼児から中学生までの心と体の育ち』（編著，図書文化社，2010），『たのしく学べる乳幼児の心理 改訂版』（共編著，福村出版，2010），『スタンダード 発達心理学』（共編，サイエンス社，2013），『新教職教育講座 第7巻 発達と学習』（共編著，協同出版，2013），『子どものこころ――児童心理学入門 新版』（共著，有斐閣，2014），『スタンダード 自己心理学・パーソナリティ心理学』（共編，サイエンス社，2015），『改訂版 たのしく学べる最新教育心理学』（編著，図書文化社，2017），『自律的な学習意欲の心理学――自ら学ぶことは，こんなに素晴らしい』（誠信書房，2017），『自ら学ぶ子ども――4つの心理的欲求を生かして学習意欲をはぐくむ』（図書文化社，2019）など多数。

完璧を求める心理
自分や相手がラクになる対処法

2019年8月31日 初版第1刷発行　　検印省略

著　者　櫻井茂男
発行者　金子紀子
発行所　株式会社　金子書房
〒112-0012 東京都文京区大塚3-3-7
TEL03-3941-0111／FAX03-3941-0163
振替 00180-9-103376
URL　http://www.kanekoshobo.co.jp
印刷／藤原印刷株式会社
製本／株式会社宮製本所
© Sakurai, S., 2019
ISBN978-4-7608-2427-4　C3011　　Printed in Japan

金子書房の関連図書

子どもの気質・パーソナリティの発達心理学

水野里恵 著
定価　本体 1,800 円＋税

子どもの社会的な心の発達
コミュニケーションのめばえと深まり

林　創 著
定価　本体 2,200 円＋税

日本の親子
不安・怒りからあらたな関係の創造へ

平木典子・柏木惠子 編著
定価　本体 2,600 円＋税

共有する子育て
沖縄多良間島のアロマザリングに学ぶ

根ケ山光一・外山紀子・宮内　洋 編著
定価　本体 2,500 円＋税

どもる子どもとの対話
ナラティヴ・アプローチがひきだす物語る力

伊藤伸二・国重浩一 編著
定価　本体 2,200 円＋税

不登校の子どもへのつながりあう登校支援
対人関係ゲームを用いたシステムズ・アプローチ

田上不二夫 著
定価　本体 1,600 円＋税

ピア・ラーニング
学びあいの心理学

中谷素之・伊藤崇達 編著
定価　本体 2,600 円＋税

内発的動機づけと自律的動機づけ
教育心理学の神話を問い直す

速水敏彦 著
定価　本体 3,500 円＋税

学習意欲の理論
動機づけの教育心理学

鹿毛雅治 著
定価　本体 5,600 円＋税